Sergio Beva

Meccanica Cerebrale

È un po' un prototipo funzionante di un sistema di visione human like, un po' un modello del cervello umano.

Stampato nel 2019.
ISBN: 978-0-244-49322-6

Contatti
www.beva.it
info@beva.it

Per essere creativi dobbiamo essere leggermente disoccupati, in modo da dare via libera all'elaborazione del nostro pensiero.

Ai miei genitori, a cui dovetti tanta libertà.

Prefazione

Le frasi con cui inizia questo libro sono frasi di James Watson, co-scopritore del DNA e di Silvio Ceccato, estroso uomo di pensiero, che portò in Italia la cibernetica. La prima descrive il mio stile di vita, che è stato possibile grazie ai miei genitori, a cui il libro è dedicato. Esso vuole essere un modesto passo verso l'ambizioso scopo di comprendere il funzionamento del cervello, perlomeno nelle sue attività razionali, attraverso la sua meccanizzazione.

Chi per primo ha riconosciuto che il cervello fosse il centro dell'attività pensante di uomini e animali fu Alcmeone di Crotone. Di lui cui vi sono notizie incerte, anche sulla sua data di nascita: Aristotele dice che Alcmeone era giovane quando Pitagora era già vecchio. Pare che egli abbia dissezionato animali e visto i nervi che dagli occhi, dalle orecchie e dalla lingua andavano al cervello. Prima di lui, ma anche secoli dopo, perché il Nostro non convinse tutti, la sede delle attività cognitive era posta nel cuore e il cervello era considerato un organo irrilevante: gli egizi non conservavano quello delle mummie e lo stesso Aristotele credeva servisse a raffreddare il sangue. Come ogni altra scienza, lo studio del cervello fiorì soprattutto nel secolo scorso, grazie a scoperte nella microscopia, nella chimica e nella rilevazione di correnti elettriche in una branca scientifica chiamata fisiologia. Vi furono poi gli psicologi che studiarono i comportamenti degli umani e degli animali mettendoli in relazione con il cervello. Subito dopo la seconda guerra mondiale, soprattutto negli Stati Uniti d'America, si pensò di simulare il cervello sui calcolatori elettronici, che si era appena riusciti a costruire. I calcolatori accesero l'entusiasmo di molti, si giunse a paragonarli al cervello e a chiamarli cervelli elettronici. Lo studio del cervello o i tentativi di simulane il suo comportamento proseguono con grande intensità. Lascio al lettore giudicare se i progressi nell'intelligenza artificiale siano dovuti a scoperte concettuali o non piuttosto all'aumentata potenza di calcolatori. Utilmente o invano, finanziamenti in tale direzione ve ne sono stati e ve ne sono tantissimi. Ultimi, (2013), quelli che in dieci anni erogheranno circa 1.300.000.000 euro: sono due progetti enormi, il primo della comunità europea l'Human brain project e il secondo degli USA, la BRAIN iniziative.

Io ho sempre studiato da solo, sono un autodidatta ed ho cominciato a interessarmi del funzionamento cerebrale quando avevo 19 anni. L'ho fatto per puro interesse intellettuale, un tempo si sarebbe detto "per amore della scienza" e siccome ero interessato a proseguire gli studi in assolta libertà me li sono sempre pagati, comprese le strumentazioni necessarie. Non voglio però tediare il lettore con la mia storia personale, che è quella di un uomo assolutamente ordinario. Alla base del mio lavoro vi è l'idea che il cervello sia un apparato che permetta all'essere vivente di destreggiarsi nel suo ambiente, prevedendo lo sviluppo delle situazioni onde ricavare dei benefici o evitare dei danni. Questo in accordo con le teorie evoluzionistiche di Darwin e Wallace. Il mio lavoro risente anche del pensiero di Democrito e pesantemente di quello di David Hume, esso è legato al cervello e al suo funzionamento attraverso la neurofisiologia e la psicofisica. Il modello di cervello che ho sviluppato vuole essere, per quanto possibile, "human like". Fin dove mi è stato possibile e questo è avvenuto per la parte della percezione visiva, ho costantemente verificato le teorie che andavo formulando con dei programmi che funzionano su qualunque PC. Poiché in questo scritto compaiono anche teorizzazioni sul linguaggio avviso che esse non sono state sperimentate. Questo non è un libro di filosofia o di psicologia ma è sostanzialmente un libro di fisica. In effetti si può tracciare un parallelo fra lo studio dell'atomo e quello del cervello: nei primi anni del Novecento i fisici perfezionarono l'idea di atomo, intuita dai chimici ottocenteschi, basandosi su

5

esperimenti di diffusione di certe radiazioni da parte della materia e dalla luce che la materia emetteva quando era riscaldata. Nessuno aveva o ha mai visto un atomo e su esso, come sulla fisica dell'estremamente piccolo, tuttora non si hanno le idee chiare e, a mio avviso, non si avranno mai. Similmente all'atomo anche il cervello si può capire attraverso la manifestazione delle sue attività con test psicologici e anche con esperimenti neurofisiologici. Diversamente dall'atomo penso che il cervello si possa comprendere perché i suoi costituenti, neuroni, sinapsi,... non fanno parte del microcosmo, come la materia atomica e subatomica, anzi il cervello si può pure mappare; infatti possediamo già la mappa dettagliata del modesto cervello di un verme, costituito da un migliaio di neuroni, senza tuttavia riuscire ancora ad intenderne il suo funzionamento. Il mio studio inizia dalla percezione (uso questa parola, per quanto essa sia maldefinita), perché gli animali riescono a sopravvivere e a destreggiarsi nel loro ambiente senza possedere un linguaggio strutturato e quindi è con la percezione che il cervello svolge questo compito. Il linguaggio strutturato è un costrutto ulteriore, proprio dell'uomo, che permette dei miglioramenti nell'attività predittiva del cervello ma sempre sulla base della percezione. Siccome, almeno nell'uomo, la visione è la percezione più importante, per capire il cervello umano occorre, per prima cosa, capire come funziona il sistema visivo, che riflettendo sull'evoluzione, appare avere, nell'uomo e negli animali superiori, due funzioni diverse: la prima quella di permettere di orientarsi nello spazio e la seconda quella di riconoscere gli oggetti. Se pensiamo alla mosca i suoi occhi sembrano avere solo la prima funzione, essa riconosce il cibo con l'olfatto, o per meglio dire, con l'apparato chemiosensoriale. Nei bassi vertebrati, l'area cerebrale dedicata all'apparato chemiosensoriale è ancora vastissima e anche loro riconoscono gli oggetti soprattutto dagli odori e dai sapori. Nell'uomo non è più così: gli odori e i sapori hanno importanza marginale nel riconoscimento.

Mi sono dedicato soprattutto a questa seconda funzione dell'apparato visivo e tanto esporrò in questo libro. Tuttavia ho le mie idee sull'altra funzione di esso e dirò marginalmente. Sempre a margine accennerò anche alla mente e alla coscienza, mi chiederò se queste parole abbiano senso e quale sia il loro rapporto con il funzionamento del cervello. In questo quadro, usando un linguaggio che mi è estraneo, potrei dire che la visione è un'attività cosciente mentre il riconoscimento è un'attività inconscia.

Note.

L'immagine in copertina è la foto del busto di Democrito, creduto anche Eraclito.

Le figure di questo libro sono anche sul sito www.beva.it, che ospiterà anche le correzioni e le discussioni con i lettori, che invito a contattarmi all'indirizzo email: info@beva.it.

Capitolo I - Mondo e cervello

Premessa

In questo capitolo spiego la mia concezione dell'universo fisico e del cervello. E' un capitolo di filosofia, in esso espongo anche le scelte e le priorità nel mio lavoro. Sono mie opinioni, delle quali non è possibile verificare la verità, come per ogni teorizzazione filosofica, ma sono esse che mi hanno guidato e mi guidano nella progettazione e costruzione del cervello artificiale, il cui funzionamento, diversamente da esse, si può verificare.

1. Necessità di un modello meccanicistico del cervello in un universo che (forse) non è meccanicistico

Il cervello è collegato al mondo attraverso i sensi; limitandomi a considerare il solo sistema visivo umano, devo chiedermi che cosa succede nel cervello quando guardo dalla finestra e vedo il monte, con le sue pietraie rosse, i suoi boschi verdi e il cielo azzurro sopra. Paradossalmente lo studio della neurofisiologia sembra generare altra confusione. Infatti ogni immagine risulta capovolta sulla retina, va sui recettori, coni e bastoncelli, che convergono in modo diverso sulle singole fibre del nervo ottico, ci sono poi cellule che li collegano orizzontalmente. Vorrei far notare che i recettori, che reagiscono alla luce, stanno sotto le cellule orizzontali, amacrine e gangliari: non sono esposti alla luce ma coperti! Questa sola osservazione basta a mostrarci come la complessità e la confusione regnino nell'apparato visivo e avverta del grande sforzo che sarà necessario a chiunque voglia chiarirne il suo funzionamento. Poi i nervi dei due occhi si incrociano nel chiasma, per interessare i due corpi genicolati opposti (ma una porzione rimane nello stesso emisfero cerebrale) e vanno alla corteccia visiva. Per tacere delle fibre che procedono dal nervo ottico al mesencefalo e poi da questo ne partono altre che vanno anch'esse alla corteccia visiva. Durante questo percorso dall'occhio al cervello l'informazione visiva viene elaborata (relativamente poco nell'uomo ma sempre più man mano si scende nella scala evolutiva).

Mi pare sensato accentuare della corteccia visiva: la visione avviene in quest'area. Gli uomini, ma anche gli animali superiori, che ne sono privati risultano ciechi. Gli animali inferiori no: già i topi senza la corteccia visiva si orientano grosso modo come prima nell'ambiente. Evidentemente per loro il ruolo della visione mesencefalica, quasi estinta nell'uomo, è ancora importante. Ho detto quasi estinta nell'uomo perché a mio avviso la visone cieca, scoperta nel 1973 da Poppel, Held e Frost, nei casi in cui la corteccia visiva umana sia del tutto distrutta è proprio questo. Ciò premesso, nella corteccia, l'immagine sulla retina genera eccitazioni sproporzionate e scisse in frammenti sparsi, con una forma che non assomiglia per nulla all'immagine che si proietta sulla retina e che noi vediamo.

Dov'è l'immagine del mio monte, con le sue pietraie, i suoi boschi e il cielo azzurro sopra? Non nella corteccia visiva e in nessuna parte del cervello. Dire che ciò noi vediamo è nella corteccia visiva non significa che l'eccitazione delle sue cellule riformi il disegno dell'immagine sulla retina. Chi è abituato alla matematica dirà poco male: i punti della retina sono in corrispondenza, che qualcuno chiama topografica, con i punti della corteccia visiva, dunque è facile risalire da questi alle eccitazione retiniche cioè al disegno della forma che si proietta sulla retina. Il problema è che questa corrispondenza non è precisa; infatti non è che il nervo che parte dalla retina arrivi a una cellula della corteccia visiva. Della corrispondenza topografica occorre tenere conto ma da sola porterebbe a ricostruzioni di figure sfocate e confuse. Piuttosto ritengo che quello che noi vediamo sia la rappresentazione dell'informazione che le portano i nervi dalla retina, che in parte è già elaborata e in gran parte elabora la corteccia stessa.

Chiunque sa che il cervello della mosca è diverso da quello dell'uomo. Entrambi uomo e mosca, hanno due occhi che ricevono informazioni dal mondo esterno ma è impossibile che i due esseri abbiano la stessa visione del mondo. Gli occhi della mosca, in se diversissimi da quelli dell'uomo, percepiscono più che altro variazioni della luce. Tuttavia sia per l'uomo che per la mosca ciò che vedono è mondo. Ci potrebbe essere chi dice: l'uomo è superiore alla mosca, il mondo è come lo vede l'uomo e non questi animali inferiori. In tal modo, secondo me, si cade in un errore, l'antropocentrismo, non diverso dal geocentrismo. Il mondo chissà com'è, quello che noi vediamo è un insieme di informazioni che permette di prevedere lo sviluppo di situazioni, relativo ai nostri bisogni elementari, che sono soddisfatti nell'ambiente in cui occhio e cervello si sono formati. Gli li alberi e le case, li vediamo noi ma non la mosca, chissà come li vedrebbe un ipotetico essere diverso da noi, che arrivasse da un altro pianeta o anche solo la rana, che ha un sistema visivo diverso dall'uomo e dalla mosca. Gli alberi e le case sono rappresentazioni di cosa ci serve, chissà com'è la realtà. Già Democrito 2500 anni fa nel "Libro delle forme" scriveva che noi non sappiamo nulla conforme a verità intorno a nessuna cosa, in noi si forma una sorta di configurazione. Egli tuttavia credeva che sotto le illusioni percettive vi fosse una realtà fatta di atomi che si muovevano nel vuoto. David Hume, circa 2000 anni dopo, va oltre questa concezione meccanicistica, che confonde il mondo con il modello meccanicistico del del mondo e afferma che la natura del mondo fuori del cervello è sconosciuta, che quello che noi chiamiamo realtà fisica è una rappresentazione mentale e che le leggi fisiche sono null'altro che comportamenti ricorrenti in questa rappresentazione.

Come si forma questa rappresentazione mentale o, in altre parole, questo modello? Se guardiamo all'evoluzione vediamo in essa enormi sofferenze e stragi volte ad eliminare i non adatti. Noi siamo i figli fortunati di quella lotta e il nostro corpo, cervello compreso, si è formato in un susseguirsi di eventi in cui non vedo alcun intento filosofico volto alla conoscenza dell'essere e della sua essenza. Nati non foste per vivere come bruti ma per seguir virtute e conoscenza? Per carità, no. Questa è un'incondivisibile opinione, senza riscontro, del Sommo Poeta. Da quanto osservo emerge piuttosto la necessità di avere un organo, il cervello, che possa prevedere lo sviluppo delle situazioni onde trarne benefici o evitare danni. Esso, con i sensi che lo collegano all'ambiente si è, anzi si sono formati, nell'ambiente in cui l'uomo vive e per soddisfare le esigenze del vivente. Spostato in un altro ambiente il cervello non darà previsioni giuste perché né esso né i sensi saranno atti a cogliere i segni premonitori. La fisica dell'estremamente piccolo è la prova di quanto dico: l'estensione delle leggi ricavate dal macrocosmo porta a teorie che sono sempre meno predittive quanto più si va nel piccolo. Incredibili sono invece i risultati che si osservano nell'estremamente veloce, dove distanze e tempi, base di ogni nostra esperienza nel mondo fisico, sono misurati come differenti fra due soggetti in moto veloce fra di loro. Personalmente dubito che la fisica possa ancora progredire in questi ambiti ed è dagli anni Venti del secolo scorso che ogni scoperta della fisica atomica e subatomica avviene unicamente grazie all'aumento della potenza dei macchinari con cui si osserva il mondo, senza che queste scoperte possano essere collegate in una teoria con potere predittivo. Anzi avviene il contrario: sono le scoperte che modificano le teorie e le estendono. Soltanto i modelli meccanicistici, sia quello atomistico di Leucippo e Democrito, sia quello pneumatico degli stoici, hanno portato seri risultati nella fisica, ovvero nella conoscenza della natura. Ecco perché dai miei diciannove anni, ormai lontani, mi ostino a chiamare questo mio studio "Meccanica cerebrale". Vorrei esplicitare che la mia ricerca si basa su un modello meccanicistico del cervello, matematicizzabile e deterministico; infatti il modello meccanicistico è adatto alla comprensione e alla descrizione del cervello biologico perché non vi sono aspetti quantistici nel suo funzionamento: i neuroni sono costituiti da un gran numero di atomi e le correnti elettriche fra essi involvono un gran numero di elettroni: siamo nel macrocosmo, nell'ambito della fisica classica, dunque il cervello si può o si potrà capire in futuro, mentre, a mio avviso e per le ragioni su cui mi diffonderò maggiormente in seguito, la fisica atomica e subatomica no, mai. Assunta questa posizione, sorge il problema: un cervello meccanicistico non può trarre previsioni da un mondo che, con ogni probabilità, visti gli insuccessi della fisica atomica e subatomica, non lo è? Consideriamo una persona, che chiamo Tizio, che osserva il mondo, i sensi di Tizio, a contatto con il mondo, provocano cambiamenti di stato nel suo cervello. In un cervello meccanicistico gli stati cerebrali, per i quali uso le prime lettere dell'alfabeto: A,B,C,D,.... sono perfettamente quantificabili e definibili. In altre parole, se il cervello fosse fatto di ingranaggi e leve, essi avrebbero una precisa e specifica posizione, che ne definirebbe il suo stato; il cervello è di materiale organico ma nulla concettualmente cambia, siamo sempre nel macrocosmo. Uso le ultime lettere dell'alfabeto ...W,X,Y,Z, per annotare gli stati ambientali. Gli stati cerebrali sono provocati dagli stati ambientali e posso conoscere con precisione lo stato cerebrale A, perché per definizione il cervello è meccanicistico, ma non lo stato ambientale X, che provoca A: X lo devo definire attraverso lo stato cerebrale A, cosa in assoluto impossibile. Basta pensare che quando Tizio ode un suono il suo cervello assume un certo stato, ma lo stesso suono può essere prodotto da molte cose diverse, dove cose diverse stanno per stati ambientali diversi, che producono lo stesso suono. Così una mela vera e la sua copia finta appaiono uguali all'occhio e producono lo stesso stato cerebrale. Anche aiutandoci con tutti i sensi non si ha la precisione nella definizione dello stato ambientale da parte dello stato cerebrale: lo stesso stato cerebrale che produce una buona mela, lo può produrre un'altra uguale alla vista, all'olfatto e al gusto ma avvelenata con un veleno insapore, inodore e incolore. In altre parole, lo stato cerebrale A, può essere provocato da tanti stati ambientali, dagli sviluppi diversissimi.

Per aggirare queste pesanti considerazioni, si deve riflettere sul ruolo che ha il cervello nella vita animale e umana, anche se per questo occorre chiarire che cosa significhi la parola vita. Un essere vive quando cresce e si moltiplica, prendendo dall'ambiente quanto serve a tale scopo e il cervello è uno strumento atto a permettere la vita serve per

1.   prevedere gli sviluppi delle situazioni e

2.   per attuare le strategie in relazione a queste previsioni.

Definizione di intelligenza che non è affatto nuova. Un brodo sempre uguale nello spazio e nel tempo, se nutriente, permette la vita al batterio e in tal caso il batterio non necessita di cervello. Invece se il brodo presenta diversi stati che si alternano, alcuni benefici e altri velenosi, il batterio o si modifica, rendendo la sua membrana capace di riconoscere i vari stati e reagire tenendo fuori i fluidi venefici o il batterio muore. L'attività cerebrale è già presente in questo batterio e sta nella sua membrana esterna. Tale "cervello", elementarissimo, si è formato in relazione al brodo, in cui il microbo vive e alle sue esigenze di filtrarlo. Non vorrei evocare una guerra fra gli spettri di Darwin e Lamarck, non entro in merito se l'evoluzione sia prodotta dall'adattamento o dalla selezione naturale, dico che questo comportamento può essere interpretato come attività cerebrale perché sfrutta i vantaggi che derivano dall'ambiente ed evita i danni. Estrapolando se non muore, l'essere subisce l'evoluzione e diventa in

13

grado di vivere nonostante sempre più complessi cambiamenti ambientali. L'organo atto alla previsione diventa in grado di cogliere emanazioni (molecole, temperature, vibrazioni, fotoni,.........) da un ambiente complesso e attuare le strategie per la sopravvivenza, nel solco di quanto faceva la membrana. L'evoluzione ha scelto di concentrare in un organo, il cervello, l'attività predittiva e di collegare questo al mondo attraverso i sensi. La capacità predittiva è comunque limitata all'ambiente e alle esigenze primarie dell'essere vivente. Inoltre il precedente esempio del cibo avvelenato con il veleno insapore, incolore e inodore rivela la parzialità del collegamento fra sensi e mondo da cui si evince che abbiamo una conoscenza incompleta di questo. Come sia il mondo e come funzioni non ci dato saperlo, possiamo prevedere cosa serve per vivere, con una certa percentuale di esattezza, infatti siamo ancora qui. Per ora.

Se osservo un animale inferiore, per esempio un'ameba, quando essa avvolge una particella per fagocitarla deve prima capire se questa particella è alimentare. Posso dire che l'evoluzione ha formato il suo abbozzo di sensi e di cervello in modo che lo stato cerebrale A venga a stabilirsi in presenza di un certo insieme di stati ambientali X, pochi o tanti che siano, qualunque cosa siano, atti a realizzare gli stati ambientale Y, ovvero la prosperità dell'ameba. Il cervello dell'ameba di fronte al nutriente acquisterà lo stato A che provocherà lo stato B, ovvero la fagocitosi. Se si realizzerà la prosperità dell'ameba, essa sarà riuscita a riconoscere negli stati X i prodromi degli stati ambientali Y, quindi il suo cervello avrà funzionato bene, altrimenti l'ameba potrebbe morire avvelenata, in tal caso il nuovo stato ambientale X' avrebbe erratamente richiamato lo stato cerebrale A e questo poi lo stato B che permette consente all'ameba di fagocitare. Identicamente una mela genera nel bambino lo stato cerebrale A con il quale il bambino riconosce la mela e questo induce in lui lo stato cerebrale B che lo porta a mangiarla. Tuttavia dopo aver mangiato ciò che ha riconosciuto come mela, il bambino può risultare fortificato o avvelenato. Nel secondo caso il riconoscimento non è stato corretto, lo stato fisico, riconosciuto come mela, ha prodotto lo stato cerebrale B e questo ha indotto l'azione del mangiare, ma non c'è stato il risultato sperato. Fra lo stato cerebrale A e lo stato cerebrale B può essere vista una relazione causa effetto. Con accezione assai diversa da quella usuale, perché lo stato cerebrale A, che produrrà lo stato cerebrale B, che porta il bambino a mangiare, deve essere richiamato da stati ambientali X (cibo buono), che produrranno gli stati ambientali Y (prosperità del bambino). Potrebbe avvenire che lo stato cerebrale A sia prodotto da cibo avvelenato.

Fra gli stati cerebrali la relazione c'è ma è sbagliato (in termini assoluti) estendere quest'idea anche al mondo fisico, sarebbe confondere lo stato cerebrale A con gli stati X che lo generano, non senza errori, in un certo ambiente e comunque in base a un certo fine. Supponiamo per esempio che un animale sia immune a un veleno che infetta dei frutti. Il suo cervello potrà fornire lo stesso stato cerebrale A= frutto per tutto un insieme X. Se invece l'animale non è immune al veleno dovrà imparare a distinguere entro X due sottoinsiemi, ognuno dei quali generi uno stato cerebrale A=frutto buono e B=frutto velenoso. La relazione causa effetto per il primo e per il secondo sono diverse.

Volendo costruire un cervello artificiale, poiché non sappiamo com'è il mondo, non possiamo progettare un apparato sensoriale che si colleghi a una cosa che non sappiamo che cosa sia, che trovi entro esso i segni delle situazioni che si svilupperanno nel modo previsto per la realizzazione di certi fini. Non è possibile progettare razionalmente nulla, si deve andare per tentativi. In effetti questo lavoro lo ha svolto l'evoluzione, sterminando i non adatti. Tuttavia per noi la situazione non è così disperata, chiunque di noi voglia costruire un cervello artificiale ha la possibilità (ma è l'unica possibilità) di copiare il lavoro compiuto dalla natura, magari per il solo senso della vista. Ovviamente un tale cervello potrà generare previsioni soltanto in quell'ambito di universo in cui è cresciuto l'uomo e per gli scopi per i quali il cervello umano si è sviluppato. Di qui nasce il mio pessimismo circa la possibilità che la fisica del microcosmo possa progredire. Per fortuna il cervello non ha aspetti quantistici, è solo complicato, pasticciato con residui di percorsi evolutivi abbandonati in tutto o in parte, a volte sovrapposti ad apparati maggiormente efficaci. Nello studio del cervello e della sua capacità predittiva, per seguire la strada dell'evoluzione, avrei dovuto iniziare a interessarmi dell'apparato chemiosensoriale, importantissimo negli animali inferiori, invece mi sono concentrato sulla visione e neanche su quella mesencefalica, anch'essa propria degli animali inferiori, ma sulla visione umana, limitatamente al riconoscimento delle forme, non alla più semplice capacità del sistema visivo relativa al muoversi nel mondo. Ho notato che il riconoscimento avviene soprattutto attraverso gli angoli delle figure.

Capitolo II - Addentellati

Premessa

In questo capitolo esporrò elementi di varie discipline che è essenziale avere chiari e presenti per capire il resto del libro. Chi conosce gli argomenti passi oltre.

1. Elementi di neurofisiologia e basi del modello per l'interpretazione del sistema visivo umano.

La retina è costituita da dei recettori, coni e bastoncelli, che emettono impulsi elettrici con una certa frequenza. Questa frequenza aumenta quando essi sono colpiti dalla luce ma la frequenza, per quanto bassa, permane anche al buio. Tralascio di descrivere le apparecchiature per rilevare questi impulsi elettrici invece ricordo che la frequenza è il numero di impulsi ogni secondo. I coni sono di tre tipi, ognuno dei quali è sensibile ad un certo spettro, di frequenze elettromagnetiche, tali spettri sono larghi, ovvero hanno molte frequenze, e si sovrappongono. Si può dire che i coni sono i responsabili della visione dei colori, il loro ruolo nella visione dei colori non è né diretto né immediato. I bastoncelli e i coni non sono uniformemente distribuiti sulla retina: i primi abbondano nelle parti periferiche i secondi abbondano nelle parti centrali. I bastoncelli si raccolgono in ciuffetti, ognuno dei quali converge su una fibra del nervo ottico; nei coni, invece, la convergenza è minore: a volte anche un solo cono si collega a una fibra del nervo ottico. Il collegamento fra questi recettori e le fibre del nervo ottico non è diretto, passa tramite altre cellule, che stabiliscono anche dei collegamenti in parallelo. Fra queste di particolare interesse sono le cellule gangliari, che sono state

17

distinte da Enroth-Cugell e Robson in cellule X,Y e W. Le cellule X hanno una risposta tonica, ovvero "grosso modo" direttamente proporzionale alla luce e sono più abbondanti nella parte centrale della retina. Le cellule Y hanno risposta fasica, ovvero rispondono bruscamente a variazioni della luce e si trovano soprattutto nella parte periferica della retina. Le cellule W invece hanno distribuzione uniforme e rispondono a stimoli specifici dell'ambiente. I nervi ottici che vengono dalle cellule X si dirigono all'area striata della corteccia visiva tramite il corpo genicolato laterale (fig. 1), alcuni nervi ottici che provengono dalle cellule Y e W fanno la stessa strada, altri invece vanno al collicolo superiore e poi proseguono in aree non striate della corteccia visiva. A mio avviso le cellule Y sono dei dispositivi attenzionali, dato che si attivano di scatto in base alle variazioni degli stati ambientali. Le cellule W sono un residuo dell'evoluzione, in quanto svolgono un elaborazione del segnale ottico già nella retina ed è risaputo che questo avviene, in modo sempre più marcato, man mano si scende nella scala evolutiva. Vi è una corrispondenza (detta topografica) fra ogni punto della retina e ogni punto dell'area striata (detta anche area 17) della corteccia visiva, tuttavia le proporzioni non sono rispettate. Infatti una piccola proporzione della retina in prossimità della fovea eccita una vasta parte dell'area 17, inversamente, una discreta zona eccitata alla periferia della retina, eccita una piccola parte dell'area 17. Ciò probabilmente è dovuto alla diversa convergenza dei recettori sul nervo ottico.

Nel 1962 Hubel e Wiesel scoprirono che il cervello è sensibile agli angoli, infatti questi neurofisiologi, esplorando la corteccia visiva dei gatti, osservarono delle cellule che rispondevano esclusivamente quando al gatto si facevano vedere barre con una certa inclinazione. Entrando nella materia grigia si poteva rilevare una colonna di cellule che rispondevano tutte alla stessa direzione.

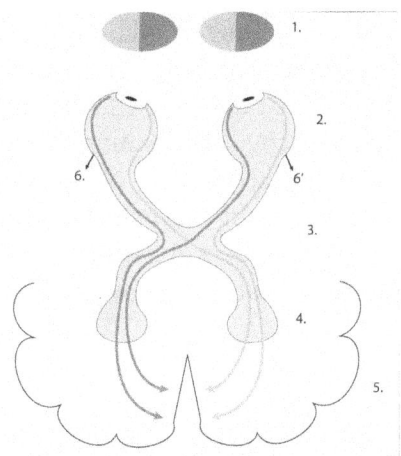

Fig. 1. 1. Oggetto osservato; 2. retina; 3. chiasma; 4. corpo genicolato laterale; 5. corteccia visiva; 6, 6'. nervi che vanno al collicolo superiore.

Tali colonne potevano considerarsi raggruppate in strutture, dette ipercolonne, in cui vi erano le colonne capaci di cogliere ogni inclinazione, con scarti minimi di 10 - 15 gradi. Studi successivi hanno portato a capire che nelle colonne vi sono tre tipi di cellule, che entrando nel cervello sono nell'ordine: le cellule semplici, le cellule complesse e le cellule ipercomplesse. Le prime sono sensibili all'inclinazione, le seconde all'inclinazione e alla direzione del movimento, le terze rispondono anche a specifiche caratteristiche dell'oggetto. Personalmente penso che queste ultime siano una strada abbandonata dall'evoluzione, anche perché poche si trovano nell'area 17. Le cellule complesse e ipercomplesse sono sensibili agli angoli ma poco interessate alla posizione dell'immagine sulla retina, la loro eccitazione permane se l'immagine (una barra inclinata) viene mossa entro una certa area della retina. Studi recenti pongono in discussione le proprietà delle cellule ipercomplesse come descritte da Hubel e Wiesel. Non entro in merito, perché le nuove scoperte non hanno connessione con questo scritto. Importa che la maggior parte di esse si trova nell'area 18 e 19, che sono aree associative e dove abbondano

19

i nervi che arrivano dalle cellule W via collicolo-talamo. Pertanto i modelli interpretativi che proporrò riguardano solo i primi due tipi di cellule. Sostanzialmente in questo scritto discuterò solo della "via ottica principale" quella che dalla retina va al corpo genicolato laterale e poi alla corteccia visiva. Nell'ipercolonna si riscontra anche un'altra struttura: piani di colonne che rispondono a un occhio alternati da piani che rispondono all'altro, come in fig. 2 ma anche cellule che rispondono al colore e che sono pochissimo sensibili all'inclinazione.

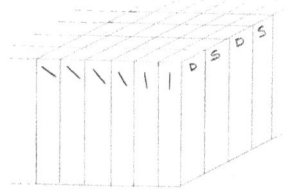

Fig. 2

A tali scoperte va aggiunta quella precedente del filosofo Mach che notò, lungo una linea di contrasto fra bianco e nero di una figura, una linea bianchissima dalla parte del grigio chiaro e una linea nerissima dalla parte del grigio scuro (fig.3). Non cambierebbe nulla se invece dei grigi ci fossero un bianco e un nero, purché il passaggio fra i due colori fosse sfumato. Ciò non aveva senso da un punto di vista fisico: quelle linee non c'erano sulla figura. La luminanza, cioè la luce riflessa dalla figura, fenomeno fisico, perdeva la proporzione con la brillanza, fenomeno psicologico, ovvero con il valore che il senso della vista dava alla luce. Oggi questo fatto viene spiegato dai neurologi con la presenza di zone inibitorie e eccitatorie, nella retina, nel corpo genicolato e nell'area 17. Tuttavia mentre nella retina e nel corpo genicolato laterale queste zone hanno simmetria circolare, nell'area 17 formano (e i neurologi lo affermano con una certa sicurezza) strisce eccitatorie e inibitorie. Si nota a livello della corteccia visiva che il segnale di una cellula viene inibito quando è posta nel campo visivo di una barra perpendicolare a quella che la eccita. Forse proprio la forma a strisce eccitatorie e inibitorie è responsabile del fatto.

Fig. 3
Comunque anche l'inibizione laterale diventa un fenomeno legato agli angoli. E' stato ipotizzato che la natura trasmetta l'informazione attraverso due canali: uno che porta l'informazione approssimatissima della luminosità e un altro canale che porta l'informazione dei contrasti. Questa supposizione è confortata dal fatto che nel cervello vi sono due aree distinte: una che riceve l'informazione dei contrasti e ricava l'inclinazione dei contorni e un'altra, di origini più antiche che risponde all'intensità della luce e alla sua frequenza (colore), con molta approssimazione. Salendo nella scala evolutiva si nota l'aumento delle cellule antagoniste, che sono quelle che con ogni probabilità rilevano i contrasti.
In definitiva, oltre al ruolo delle cellule Y che preciserò oltre, ho ritenuto di basare il riconoscimento delle forme su tre aspetti fondamentali del sistema visivo:

1.   l'inibizione laterale che permette di marcare i contorni delle figure, ma non solo;

21

2.   la risposta delle cellule dell'area visiva agli angoli;

3.   la convergenza dei segnali, che è già manifesta sulla retina, ove più recettori vanno sulla stessa fibra del nervo ottico;

inoltre vi sono evidenze di un'inibizione direzionale.

2. Elementi di matematica.

Una variabile z si dice funzione di due variabili x e y quando dati dei valori ad una coppia di x e y e svolgendo le opportune operazioni aritmetiche, si ottiene un valore di z e si scrive

$$z=f(x,y) \quad (1)$$

o notazioni simili. Per esempio $z=2x+y^2$ è un caso particolare della funzione del tipo (1) perché attribuiti alla coppia x, y due valori a caso, per esempio, x=3 e y=2, svolgendo le operazioni aritmetiche si ha $z=2*3+2^2$ ovvero z= 10. Aiuta molto l'intuizione servirsi della rappresentazione geometrica di queste funzioni attraverso una terna di assi cartesiani. Si pensi ad una mappa geografica in rilievo, di una piccola area di territorio entro cui non si faccia grande errore a non considerare la rotondità terrestre. Se è incorniciata, si sceglie un vertice della cornice come origine degli assi cartesiani. Conoscere la funzione che la descrive significa che ai valori di x e y del piano corrisponderanno i valori z, che geometricamente misureranno l'altezza del rilievo nel punto x,y. Ad ogni punto del piano x,y corrisponde una certa altezza z, quella del rilevo della mappa. Sotto un certo punto di vista non c'è quindi nessuna differenza fra la funzione tipo (1), detta analitica e la mappa a rilievo. Dati i valori di x e di y si ottiene in ambo i casi il valore di z. Nel primo caso si userà l'aritmetica e si faranno dei conti, nei secondi ci si armerà di un righello e si prenderanno delle misure. Su questa mappa in rilievo possono essere tracciate linee di livello per esempio io posso unire tutti punti adiacenti che stanno a 3 cm dalla base, poi quelli a 4 cm, a 6 cm ecc... Detto questo, se considero un punto P sulla costa di una montagna reale, per esempio su un prato in pendenza, mi posso chiedere quale sia la direzione di massimo declivio, che è come chiedermi: "se rovesciassi un secchio d'acqua in P l'acqua da che parte scorrerebbe per scendere"? Un operatore matematico che risolvere questo problema è il gradiente. Siccome io elaboro dati su un calcolatore userò un metodo numerico, che risolverà il problema di trovare quale sia l'angolazione della pendenza massima della superficie in ogni suo punto e anche di quale sia il valore della pendenza. Infatti non basta dire dove andrà l'acqua dell'esempio ma anche se precipita o se invece quasi ristagna perché il terreno è quasi in piano. L'entità matematica che fornisce le informazioni sulla pendenza e sulla angolazione di una superficie è il gradiente un vettore, che come tale ha un modulo, che rappresenta l'entità della pendenza, una direzione e verso.

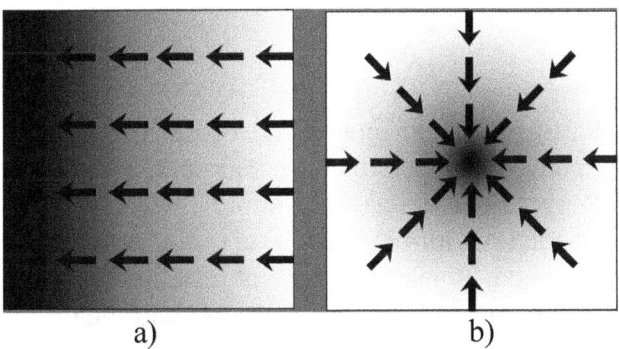

a)   b)

Fig. 4
Nella fig. 4, il gradiente è rappresentato con delle frecce blu su due superfici: pensate che il nero sia la parte più alta di un cono nella figura a sinistra e la parte più alta di un piano inclinato, nella figura a destra. L'acqua rovesciata scenderebbe lungo la direzione delle frecce

ma in verso contrario. Faccio notare che la tangente alla linea di livello e il gradiente sono ortogonali.due vettori si possono sommare con la regola del parallelogramma di ginnasiale memoria e un vettore **a** si può anche scomporre lungo le direzioni delle rette non sghembe r e s fig. 5. A tal fine si porta il piede del vettore **a** nel punto d'intersezione O delle rette r e s. Quindi dalla punta di **a** si traccia la parallela ad r fino a incontrare s nel punto S; identicamente dalla punta di **a** si traccia la parallela ad s fino a incontrare r nel punto R. I due vettori risultanti OR e OS sono detti componenti di **a** lungo le direzioni r e s.

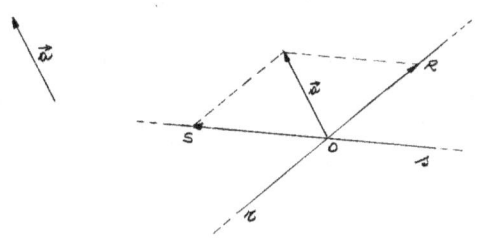

Fig. 5

In matematica e in fisica si usa parlare di campo quando una grandezza ha un valore in ogni punto di una zona dello spazio. Si parla di campo delle temperature perché in ogni punto dello spazio si può definire il valore della temperatura; si parla di campo della velocità dell'acqua in un fiume perché in ogni punto del fiume l'acqua ha una sua velocità. Poiché la temperatura è una grandezza scalare, non ha cioè direzione né verso ma solo modulo mentre la velocità è invece un vettore, nel caso della temperatura si parla di campo scalare e nel caso della velocità di campo vettoriale. I campi, se si sovrappongono, si possono sommare, se sono scalari con le regole della somma dell'aritmetica, se sono vettoriali con la regola del parallelogramma.

Invece di parlare di una trasformazione topologica di una figura,

24

omeomorfismo nel caso, preferirei che si immaginasse una figura disegnata su un foglio di gomma e poi dire che le trasformazioni topologiche della figura sono quelle che si ottengono stiracchiando (di poco!) il foglio; infatti non mi sembra che il sistema visivo, anche quello del bambino piccolo, sia indifferente e non noti trasformazioni così estreme come quelle topologiche che portano un rettangolo a diventare un cerchio. Vi sono limiti che porrò alle deformazioni attraverso la definizione operativa del concetto di somiglianza, come lo intende un bambino: un bambino non troverebbe mai simili un rettangolo e un cerchio. Parlo di riconoscimento topologico delle forme, pur essendo consapevole che la denominazione non è perfettamente calzante, perché il Piaget, psicologo svizzero, l'ha usata prima di me nel descrivere la visione del bambino piccolo.

3. Elementi di fisica

Richiamo alcune grandezze fotometriche, che definisco in modo approssimato. Userò le unità di misura del sistema internazionale.
L'unità fotometrica fondamentale nel sistema SI è la candela (cd). La sua definizione attuale data dall'ufficio internazionale dei pesi e delle misure di Parigi, è incomprensibile al lettore colto ma non specialista in fisica. Detto questo, L'intensità luminosa di 1 candela nel sistema internazionale, si avvicina (grosso modo!) all'intensità della luce che emette una normale candela di cera. Considero una sorgente luminosa puntiforme e avente intensità di 1 cd e chi vuole può immaginare la fiammella di una candela di cera, essa emana tutto intorno a se una sfera di flusso luminoso. Metto un foglio di 1 m² alla distanza di 1 m dal questa, ovviamente perpendicolare ai raggi, l'illuminamento prodotto su esso sarà di 1 lux. Se allontano il foglio dalla candela il suo illuminamento diminuisce, ovviamente diminuisce anche se inclino il foglio. Una superficie di 1m² che

brilla, di luce propria o riflessa (quindi anche illuminata, come la Luna, un fiume,..) che emani luce dell'intensità di 1 cd ha luminanza di 1 nit. Si può parlare di luminanza della superficie lunare o di luminanza della superficie solare ma ai nostri fini interessa la luminanza ambientale, per esempio di una pagina di un libro e l'illuminamento che questa produce sulla retina dell'osservatore. Non è inopportuno un esempio per chiarire la differenza illuminamento e luminanza. Due fogli di carta uno bianco e uno nero sono posti vicini, sotto la stessa luce solare. Essi godono dello stesso illuminamento ma la loro luminanza è diversa perché il foglio bianco riflette più luce di quello nero..

Illuminamento prodotto (in lux)	
dal cielo notturno	0,0003
dalla Luna Piena	0,2
dalla luce artificiale all'aperto	10-100
dalla luce artificiale negli interni	100-1000
dal Sole	5000-80000

Luminanze (in nit)	
Luna piena	2500
fiamme	10.000-20.000
carta bianca in pieno Sole	30.000
Sole	1.600.000

L'illuminamento di un corpo è una grandezza legata alla luce che arriva su quel corpo. La luminanza è legata alla luce che emette quel corpo, sia luce riflessa che luce propria. Nelle due tavole precedenti sono riportati alcuni valori degli illuminamenti e delle luminanze. Vi sono moti che si ripetono ad intervalli regolari, sempre uguali come il battito del cuore, il frangersi del mare sulla spiaggia. Tali moti si dicono periodici. In fisica la frequenza è il numero delle volte che un moto periodico si ripete in 1 secondo. La frequenza si misura in hertz (hz). Per esempio se una ruota che fa 3 giri al secondo essa ha frequenza di 3 hz. Se un cellula emette 15 scariche elettriche in 1 secondo la sua è un'emissione con frequenza di 15 hz. In elettrodinamica l'intensità è definita come la carica che passa in un conduttore ogni unità di tempo. Si può quindi parlare di intensità della scarica che attraversa il nervo ottico. Il concetto si confonde con quello di frequenza e le è proporzionale, se la carica elettrica di ogni scarica neuronale è costante.

Capitolo III - I fondamenti della visione

Premessa

Avevo 15 anni e mi chiedevo come potessi vedere le cose, come si formassero le immagini nel mio cervello. Andai alla biblioteca e presi dei libri che però non mi chiarirono le idee. Di quelle letture mi ricordo una bellissima immagine: secondo un sapiente indiano il mondo che appariva nella nostra mente era come il riflesso su una lastra di cristallo. Inutile dire che questo riflesso non è stato trovato nella nostra corteccia visiva né in altra parte del cervello. Tuttavia sulla corteccia visiva vi sono delle eccitazioni di cellule che possono essere messe in relazione con l'eccitazione della retina poiché derivano dalla elaborazione degli impulsi elettrici che provengono da essa. Il trattamento del segnale di provenienza retinica è l'informazione che il cervello ha del mondo, essa ci serve per orientarci nel mondo e riconoscere i suoi oggetti. Non ha senso la pretesa di "vedere" l'immagine del mondo dipinta nelle eccitazioni della corteccia visiva; mi devo destreggiare nel mondo, evitare buche, schivare ostacoli,… e nel cervello vi sono informazioni sul mondo che permettono questo mio agire. Esse mi appaiono come la sua immagine. Ritengo questa attività cosciente perché comporta un continuo adattarsi del vivente alle trasformazioni del mondo. Invece ritengo l'opera di riconoscimento inconscia perché l'oggetto è qual è e viene analizzato sempre con lo stesso processo automatico, come il lavoro di una ghiandola.

1. Luminanza e brillanza

Il Sole a mezzogiorno e la Luna piena di notte, permettono entrambi di vedere, infatti si può camminare in montagna e per i prati anche nelle notti di Luna piena. Durante il giorno, l'illuminamento passa dai 50.000-80.000 lux del dì a 0,2 lux della notte, con una variazione di circa 300.000 volte. Ne consegue che la variazione della luminanza dei prati, delle strade, di ogni cosa alla luce naturale, che riflette la luce del Sole o della Luna è enorme. Quindi anche la variazione dell'illuminamento della retina, che coglie questa luce riflessa, è enorme e resta comunque considerevole nonostante la variazione dell'area della pupilla, che tende a normalizzarlo. Poiché la scarica dei recettori retinici ha una variazione di frequenza dell'ordine del migliaio di hertz, ritengo insensato pensare di porre questa frequenza proporzionale all'intensità dell'illuminamento retinico; non dimentichiamo che abbiamo a che fare con un sistema biologico, approssimativo, non con uno strumento da laboratorio. Infatti, sotto tale ipotesi, l'immagine di un oggetto che si proietta sulla retina, comporta una la variazione della frequenza dei recettori, notevole e rilevabilissima, nel passaggio fra luce diurna solare e luce notturna lunare. Tuttavia, nell'ipotesi che la scarica del recettore sia proporzionale al suo illuminamento, due aree di un foglio, una bianca e una nera, che si proiettano sulla retina, darebbero luogo, nei sottostanti recettori, a scariche di pressoché identica frequenza, sia essi siano sotto la zona bianca dell'immagine del foglio, sia che siano sotto quella nera, perché l'illuminamento retinico che produrrebbero non sarebbe poi così diverso, in relazione all'enorme variazione fra la luce del Sole e quella della Luna; la parte nera del foglio, pur riflettendo meno luce di quella bianca, ne riflette sempre moltissima. Questo perché la variazione della luminanza media del foglio al Sole o sotto la luce lunare è grande, mentre quando il foglio è al Sole la variazione della luminanza fra le sue parti, bianca e nera, è relativamente piccola. Se la frequenza degli impulsi dei recettori fosse proporzionale al loro illuminamento, e tanto determinasse la sensazione del chiaro e dello scuro, il foglio in questione, mezzo bianco e mezzo nero, apparirebbe come un insieme confuso di grigi chiari quando il foglio è al Sole e di grigi scuri quando esso è sotto la luce artificiale. La parte nera e quella bianca non apparirebbero ben delineate in nessuno dei due casi. A mio avviso il sistema visivo riesce a risolvere questo problema, oltre che con la variazione dell'area della pupilla, con un apparato, concettualmente costruibile, che regola la sensibilità dei recettori retinici. Nella mia ipotesi, esso dovrebbe agire in modo lievemente diverso nella visione monocromatica rispetto che nella visione cromatica. La visione periferica è sostanzialmente monocromatica, perché alla periferia della retina si trovano soprattutto i bastoncelli, insensibili alla frequenza luminosa. Invece la visione centrale è essenzialmente cromatica perché al centro della retina vi sono soprattutto coni, sensibili alle frequenze della luce. Nella visione periferica (o comunque in quella monocromatica) vi sono due regolazioni:

1) una che misura l'illuminamento della retina e agisce sulla pupilla al fine di normalizzarlo. In realtà la pupilla riesce soltanto a mitigare l'enorme variazione dell'illuminamento;

2) la seconda regolazione è volta allo scopo di permettere la rilevazione dei contorni delle figure, ovvero a generare una sensibile differenza di scarica dei recettori che si trovano sotto il bianco o sotto il nero dell'immagine che si proietta sulla retina.

Meccanizzare la prima regolazione è banale, l'unica avvertenza è che essa debba essere veloce onde i recettori non vengano rovinati per la troppa luce. Vi sono nel sistema visivo cellule che agiscono velocemente e penso abbiano questo scopo. La seconda regolazione si risolve ipotizzando un apparato del sistema visivo, che modula la scarica dei recettori retinici in base all'illuminamento totale della retina. Il suo adattamento alla luce deve essere lento. Non so dove si collochi questo ipotetico apparato nell'uomo, come non so dove si trovi quello, sicuramente esistente, che agisce sulla pupilla. Ragionerò come se esso fosse collocato nell'occhio e che proceda in relazione alla misura dell'illuminamento della retina e agendo sulla sensibilità dei recettori in modo tale che sommando le loro scariche in tutta la retina in un'unità di tempo si ottenga un risultato costante, indipendentemente dall'illuminamento della retina. In altre parole, probabilmente a causa di un processo inibitorio, da tutta la retina partono sempre gli stessi impulsi ogni secondo, sia che entri nell'occhio tanta o poca luce. La grandezza in questione è conosciuta in elettrodinamica come intensità della corrente elettrica, definita come il numero di cariche che attraversano un conduttore nel tempo. In tal modo la scarica dei recettori perde la proporzionalità con l'illuminamento della retina ma variazioni locali dell'illuminamento della retina portano a variazioni della frequenza dei recettori sottostanti, che non risultano proporzionali all'illuminamento e quindi appiattiti, ma alla differenza fra il valor medio dell'illuminamento e il valore locale e quindi notevoli e rilevabilissime.

Forse è opportuno un esempio aritmetico. In un certo mondo, sperso nell'universo, la luminanza varia fra le 100.000 unità della luminanza massima e 0 della minima; in quel mondo il sistema visivo delle persone genera scariche con con variazione della frequenza 1000 hz e 0. Un osservatore guarda un foglio è per metà bianco e per metà nero. Il bianco ha luminanza 80.000 unità il nero ha luminanza 76.000 unità.

Nella prima ipotesi, di una frequenza di scarica proporzionale alla luminosità, la frequenza dei recettori sotto il bianco sarà 80 hz e quella sotto il nero sarà 76 hz. Una variazione di 4000 unità di luminanza produce la variazione di 4 hz.

Nella seconda ipotesi, tarando l'emissione sul valor medio, la

31

luminanza massima di 80.000 stavolta produce la scarica di 1000 hz e quella di 76.000 unità produce la scarica di 0. In questo caso la differenza di scarica è rilevabile anche da un sistema poco sensibile come quello biologico.

Naturalmente questa è una semplificazione. La proporzione fra la frequenza della scarica e luminanza è completamente perduta ma le variazioni di illuminazione fra le varie zone della retina ora generano frequenze di scariche sensibilmente diverse. La citata proporzione era comunque già perduta a causa dell'operare della pupilla. Tutto questo è meccanizzabile e costruibile e mi pare ragionevole che ci sia un apparato in qualche parte del cervello o forse nell'occhio stesso. Forse sono le cellule orizzontali e amacrine che permettono la misura dell'illuminamento medio della retina attraverso un'integrazione spaziale, cioè la somma degli impulsi emessi da tutti i recettori e inibiscono più o meno la sensibilità dei bastoncelli. In effetti mi pare un funzionamento collegabile all'inibizione e in esso mi pare che abbiano un ruolo dei neuroni, scoperti nel sistema visivo, che cambiano con lentezza la risposta agli stimoli visivi. L'opera di questi neuroni si manifesta, a mio avviso, quando entriamo in una sala di proiezione cinematografica: solo dopo un po' riusciamo a vedere. La scarica, quando l'occhio funziona in visione periferica, è costante su tutta la retina ma ho buone ragioni di ritenere che un'analoga regolazione avvenga anche quando l'occhio funziona in regime di visione centrale, limitatamente alla parte della retina interessata. L'illuminamento sopra essa provoca un'ulteriore regolazione, partendo dalla regolazione avvenuta in visione periferica, ma più fine. Si vedrà in seguito che visione periferica e centrale sono alternative, non possono coesistere. Voglio infine far notare che nel modello che propongo, l'informazione della luminanza ambientale si ottiene dalla sensibilità dei recettori nella visione periferica, nella visione centrale e dall'apparato che regola la pupilla. Negli animali superiori l'informazione della luminosità non è poi

32

così importante: il sistema visivo è volto soprattutto a individuare le immagini, definendole nei loro contorni. Pare che l'informazione della luminosità arrivi alla corteccia visiva attraverso un altro canale e interessi un tipo di cellule cerebrali che non sono quelle che rispondono agli angoli, meno importanti delle prime nel riconoscimento delle forme. Secondo il modello proposto, al buio assoluto, anche se la sensibilità dei recettori è massima, non vi sarà scarica perché nessun fotone colpirà i recettori. Questa conclusione non è human like perché nell'uomo i recettori retinici generano sempre una scarica a bassa frequenza, detta scarica oscura. Sono consapevole di questa differenza. Tuttavia io tento una simulazione del funzionamento del sistema visivo nella quale devo sfrondare gli elementi che ritengo inessenziali, per non perdermi in un mucchio di rivoli.

Modulare la sensibilità dei recettori in modo da rendere costante l'intensità della scarica emessa da tutta la retina, spiega il paradosso, detto di Hering, del perché un mucchio di carbone, che di giorno emette più luce di quanta ne emetta un mucchio di neve di notte, continui ad apparire nero anche di giorno. Di giorno la somma degli impulsi che emette la retina è uguale a quella che essa emette di notte. Tuttavia il carbone di giorno forma una macchia sulla retina e i sensori sottostanti emettono impulsi con bassa frequenza. Di notte il mucchio di neve forma una macchia bianca sul nero della retina e i recettori sottostanti emettono scariche con alta frequenza. Anche causa della dilatazione della pupilla, la frequenza di scarica non è proporzionale alla luminanza del mucchio del mucchio di carbone o di neve, perché la pupilla si dilata più o meno e la luminanza dell'immagine che si proietta sulla retina resta sconnessa dalla brillanza del mucchio. Se rimane un minimo di informazione della luminanza assoluta nel cervello questo finisce di schiarire il carbone di giorno e scurire la neve di notte. Tanto dovrebbe rilevarsi come effetto secondario, minimo, rilevabile in alcune illusioni ottiche.

Mi si permetta un racconto personale: una volta avevo portato mia figlia piccola, di 8 o 10 anni, a visitare con un gruppo, l'osservatorio di Torino dove un astronomo, fra altre cose, in una conferenza ci disse che la Luna era nera, perché fatta di pietre di quel colore. Io non me ne accorsi ma mia figlia mi toccò il braccio e mi disse perplessa: "papà ma la Luna è bianca". Fui perfido e le dissi di chiederlo all'astronomo. Il pover'uomo rispose con un mucchio di parole insensate. Il cielo notturno ha una luminosità bassissima dell'ordine di 10^{-4} nit, varia a seconda le ore notturne e a seconda l'inquinamento luminoso prodotto dalle città, ma resta sempre di molto inferiore ai 2500 nit della Luna. L'occhio si adatta alla bassa luminosità del cielo, la scarica neuronale si stabilizza per quella luminosità e la Luna è il particolare luminoso che interessa i recettori sottostanti che avranno una scarica ad alta frequenza.

L'importante è ottenere la rilevazione delle variazioni locali della luminosità attraverso una congrua variazione della scarica. Inoltre quando parlerò di visione centrale e periferica e del loro alternarsi, l'intensità della scarica che parte dall'occhio deve essere uguale in ambo i casi, quindi l'espressione che deve essere costante per unità di tempo da tutta la retina andrà rivista.

2. Inibizione e contorni

I contorni della figura sono molto importanti, infatti la figura viene spesso riconosciuta attraverso la sua "silhouette" vedi fig. 6. Nel sistema visivo umano il contorno dell'oggetto è quello che viene spesso isolato dal movimento. All'interno della figura vi sono poi altri contorni, per esempio la bocca nel corpo umano, che servono a definire meglio il riconoscimento. I contorni della figura vengono anche rilevati attraverso l'inibizione laterale, che li marca e questo operare è visibile nell'illusione ottica nota come bande di Mach. La funzione spiegata sotto può essere associata all'inibizione laterale (non quella direzionale) genera le bande Mach, dunque non si allontana da quello che dovrebbe avvenire a livello di retina e di corpo genicolato laterale. A mio avviso, il ruolo dell'inibizione laterale, non direzionale e direzionale, è collegato al riconoscimento delle forme attraverso gli angoli, oltre che alla marcatura dei contorni, come normalmente si dice.

Fig. 6
Comincio a trattare il secondo aspetto. Poiché ho dovuto provare questa teoria sul computer ho dovuto scriverle sotto forma matematica e siccome questo libro si rivolge al lettore colto ma non specialista non darò i passaggi scontati e mi diffonderò in spiegazioni che chi conosce la matematica giudicherà banali. Si Consideri un piano (x,y) su cui è disegnata una striscia bianca a sinistra, nera a destra, come quella in fig. 7 b), che sfuma fra i due colori nel centro. Lungo la retta u, parallela all'asse x, la luminanza di ogni suo punto è quella del diagramma (P,u) in fig. 7 c) . Considero adesso un cerchio fig. 7 a) e calcolo la luminanza media M in esso. Come prima caso considero un cerchio che abbia diametro maggiore dell'ampiezza della sfumatura. Immagino di far correre il suo centro sulla retta u di fig. 7 b) e ottengo il diagramma (M,u) in fig. 7 d in cui è tracciata la

luminanza media M del cerchio nei punti di u. Lontano dalla sfumatura (M,u) coinciderà con (P,u), invece la sua parte inclinata di M avrà pendenza minore di quella di P. Infatti, pensando di far correre il cerchio da sinistra a destra, la luminosità media del cerchio comincia a diminuire appena la sua circonferenza entra nella sfumatura, mentre il centro è ancora nel bianco. La differenza fra i due diagrammi (M,u) e (P,u) forma il grafico (Q',u) in fig. 7 e). Se pensiamo il cerchio uniformemente illuminato, l'eccitazione del recettore al centro, è uguale all'eccitazione media dei recettori intorno ad esso e la funzione P-M vale zero. Se M<P come capita quando P è vicino alla sfumatura e alla sinistra di R, P-M risulta positiva. Inversamente, quando tutto il cerchio è nel nero, P-M vale zero ma quando il centro del cerchio è appena a destra di S è nel nero ma il cerchio è quasi metà nel nero e il resto nel grigio: mediamente la sua luminosità interna è maggiore di quella nel suo centro. Finora ho fatto muovere il centro P del cerchio su un retta u parallela all'asse x quindi sarebbe meglio scrivere P(x,y), M(x,y), Q(x,y), si sarebbe ottenuta una più corretta rappresentazione tridimensionale che non cambia però il discorso che ho fatto. Non indico l'argomento della funzione per non appesantire la trattazione. Se sommo le funzioni M e P-M, aggiungendo un moltiplicatore reale k, con la ragionevole ipotesi che sia k>1, ottengo la funzione:

$$Q=M+k(P-M) \qquad (2)$$

il cui diagramma è quello in fig. 7 f, che richiama l'andamento della brillanza con un punto chiarissimo di ascissa R e uno nerissimo si ascissa S, che sono le bandi Mach. La funzione Q è quanto noi vediamo? Non del tutto direi ma è un gran passo avanti per la comprensione del processo visivo. E' vero che le bande di Mach non appaiono sempre alla vista, ma solo nel caso di sfumature piuttosto ampie, più precisamente potremmo dire se il diametro del cerchio di convergenza è minore dell'ampiezza della sfumatura. In questo caso la funzione Q spiega bene il fenomeno, ha lo stesso comportamento della brillanza.

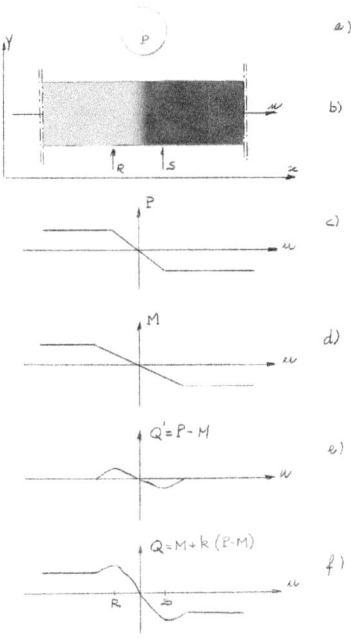

Fig. 7
Si osservi Q', fig. 8 e) che presenta due estremi distinti collegati da un segmento coincidente con l'asse u. In tale zona infatti la pendenza di P e quella di M sono uguali, esse differiscono solo alla fine e all'inizio della sfumatura. Se invece la sfumatura è stretta, ovvero minore del cerchio di convergenza, l'andamento di Q' è quello in fig. 7 e). Di conseguenza si hanno gli andamenti di Q rispettivamente nelle figg. 7 f) e 8 f). Non mi pare di rilevare un andamento della brillanza descritto da Q nella fig. 7 f). Per essere più sicuro, in fig. 9 studio l'andamento della funzione Q quando il disegno non ha

sfumature ma la luminanza passa, con uno scalino, da un valore alto a uno basso, dal bianco al nero. Anche in questo caso la Q presenta due variazioni AB e A'B' che non sono percepite. Per ora la funzione Q può considerarsi aderente alla percezione visiva solo nel caso della sfumatura ampia.

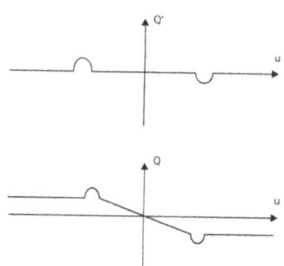

Fig. 8

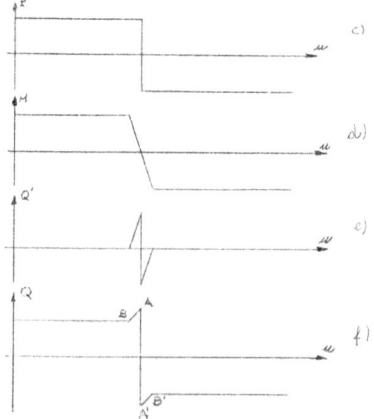

Fig. 9

Nei casi delle Figg. 7 f) e 9 f) Q non la si può considerare come la brillanza perché non c'è aderenza con i fatti sperimentali. Volevo far presente questo problema, che si risolverà in seguito. In ultimo vorrei dire che ho considerato le sfumature con andamento lineare e monotono. Altri andamenti forse producono altri effetti, che potranno essere argomento di esperimenti di psicofisica per ulteriori verifiche di questa teoria.

La funzione Q marca i contorni? Ho già detto che i punti non stanno tutti sulla retta u ma sul piano (x,y), quindi la funzione P è in realtà P(x,y) il cui valore dipende dal punto del piano. Essa è analoga alla (1) e vale il parallelo con la carta a rilievo che ho usato per spiegarla. Chi ha un po' di pratica nel trattamento delle immagini computerizzate sa che la figura si presenta come una tabella con tanti numeri, ognuno dei quali rappresenta la posizione (x,y) e la luminosità z=P(x,y) di un'areola. Insieme, queste areole variamente illuminate formano l'immagine. Più tecnicamente si parla di matrice di pixels. Con questi dati il computer deve riuscire a distinguere un oggetto dallo sfondo o che è lo stesso, trovare i contorni dell'oggetto così da stabilire la distinzione fra esso e l'ambiente in cui è immerso. Inizialmente si era provato con la sogliatura, ovvero si provò a prendere solo i punti sotto una certa luminosità, che sono i numeri piccoli della tabella, pensando che l'oggetto fosse meno luminoso dell'ambiente. Per questo basta ordinare al computer di eliminare i numeri superiori ad un numero dato, detto soglia e il computer lo fa. Tuttavia il risultato fu penoso, infatti non è detto che l'oggetto sia scuro e lo sfondo sia chiaro. Inoltre, anche se così fosse, il computer considererà l'ombra dell'oggetto, che è scura, come parte dell'oggetto. Invertendo i ruoli di chiaro e scuro, ponendo delle soglie mobili, i risultati non miglioravano. Questa tecnica è stata esplorata agli albori degli studi sulle immagini computerizzate, ora è solo più usata per rozze applicazioni industriali. Ho scritto le righe precedenti per introdurre la materia e far comprendere le difficoltà che si incontrano a realizzare atti apparentemente semplici, come distinguere un oggetto dallo sfondo. Una persona colta ma non del ramo che legge queste pagine deve esserne edotta. Chi poi vorrà saperne di più può trovare tutto sulla edge detection (estrazione dei

39

contorni) e sulla segmentation (isolamento dell'oggetto dallo sfondo) nei libri di image processing. Per trovare i contorni, che è poi isolare la figura dallo sfondo, non c'è solo la sogliatura vi sono tanti altri metodi. Nella letteratura il problema è affrontato usando soprattutto gradienti e a volte laplaciani io tenderei ad essere aderente al funzionamento cerebrale, notando innanzi tutto che il movimento isola l'oggetto dallo sfondo e che attiva le cellule fasiche Y sul suo contorno. Ritengo il gradiente così ottenuto grossolano, una traccia da seguire da essere migliorato coltivando l'idea di inibizione laterale. In effetti i giocattoli dei bambini sono fortemente colorati e attirano l'attenzione muovendosi. Detto questo, ritengo che il contorno della figura si formi pian piano nel cervello attraverso una progressiva memorizzazione ed affinamento. Quindi ben venga il movimento, ben vengano i contrasti forti, sono utilissimi a facilitare la costruzione progressiva del contorno entro il cervello.

Ciò premesso, propongo che un contorno si debba avere dove la funzione Q'=P-M sia diversa da zero. Chi prova con il computer vedrà che in questo modo si estrae un contorno molto "spesso", intendo dire che esso si presenta come una striscia e non come una linea (vedi fig. 12 a). In altre zone dell'immagine, compare anche un disturbo, detto sale e pepe, ovvero dei punti dove Q' ha valore diverso dallo zero e macchie dove non c'è nessun contorno. Questi problemi non si risolvono filtrando Q' con una soglia perché in tal modo si rischia di eliminare anche tratti di contorni validi: il rimedio è tentare di simulare l'inibizione direzionale, che richiede, come primo passo, di osservare la presenza di un gradiente di Q fra R e S (rif. fig. 7 f), Siccome ho testato sul computer la teoria che segue, ho preferito non applicare la definizione di gradiente, basata sulle derivate parziali, che deriva dalle reminiscenze universitarie, perché inadatta a una superficie reale. I gradienti, se si trattasse di piani inclinati geometrici, perfetti, sarebbero paralleli, come in fig. 4 b. Nel nostro caso non è così, come non è così in una costa montana, con buche e sassi, tuttavia come su una costa montana anche in questo caso, i gradienti sono in generale orientati allo stesso modo, in direzione dall'alto in basso. Questo sui contorni della figura, invece nelle macchie, zone disturbate, che non sono contorni, la funzione Q' è diversa da zero ma i suoi gradienti non hanno una precisa orientazione. Per cogliere il gradiente, ho considerato un cerchio fig. 10, molto più piccolo della matrice di pixel che contiene l'intera immagine, e ho calcolato la somma dei valori di P rispettivamente nel semicerchio tratteggiato e in quello bianco. Quindi ho fatto la differenza e lo annotata nella prima colonna di una matrice a due colonne, nella seconda delle quali ho scritto l'angolazione di AB. Poi ho ruotato AB di alcuni gradi e ho rifatto l'operazione fino a formare un angolo piatto. Il massimo, in valore assoluto, perché non importa il verso, della differenza permette di capire la direzione della pendenza massima del piano inclinato e d'ora in poi chiamerò questa gradiente. In tal modo si mediano le irregolarità della superficie Q e se ne coglie l'inclinazione massima. Ipotizzo che intorno a questo rilevatore, quando segnala un gradiente, si diffonda un vasto campo di direzioni che influenza gli altri rilevatori a cogliere i gradienti paralleli al suo. Pensiamo, per esempio, che un rilevatore abbia colto un gradiente verticale (rif. fig. 11), il campo che genera fa si che gli altri rilevatori che si trovano lungo la direzione AB, che è orizzontale o nelle sue immediate vicinanze, siano sensibilizzati a cogliere le direzioni verticali di eventuali rilevatori eccitati. Al contrario, fuori di questa zona lo stesso campo fa si che i rilevatori abbiano inibita la capacità di cogliere i gradienti verticali. Considerando varie illusioni ottiche posso dire che il campo è vasto e decresce poco allontanandosi dal rilevatore che lo genera. Inoltre penso che l'effetto di sensibilizzare la rilevazione del gradiente verticale interessi una stretta striscia a cavallo di AB e per il resto la direzione verticale sia inibita. Penso che con esperimenti di psicofisica si possa definire quantitativamente una funzione $f(\rho,\theta)$. Ovviamente il discorso non cambia se il gradiente del rilevatore non sia verticale ma comunque ruotato.

Fig. 10   Fig. 11

Per inciso quest'ultima osservazione non è perfettamente human like perché esperimenti neurofisiologici mostrano che la velocità dello spandersi dell'inibizione laterale dipende dalla direzione considerata. Conscio di questo, ritengo impossibile simulare esattamente, almeno con le conoscenze attuali, un apparato così complesso e poco noto come il sistema visivo e preferisco restare sulle linee essenziali. I campi direzionali si sommano, anche se bisogna ricordare che non sono dei campi vettoriali e che mentre per due vettori l'essere opposti significa avere versi contrari, per due direzioni essere opposte significa essere perpendicolari. Tuttavia anche con larghissime ipotesi sulla somma delle direzioni possiamo affermare che alcuni rilevatori del gradiente, per esempio verticale, allineati, ovvero con i diametri AB (fig. 8) su una stesa retta, generino dei campi che si sommano, producendo una linea (o stretta striscia), da definirsi quantitativamente, di campo orizzontale intensa che magnifica la sensibilità dei rilevatori sottostanti a cogliere i gradienti verticali. Tale linea, che chiamerò linea privilegiata o striscia privilegiata (lp) si estende anche dove i gradienti non ci sono. Invece fuori di questa striscia e quindi intorno a essa il campo è tale da inibire la rilevazione dei gradienti verticali. L'inibizione direzionale si accorda

42

e perfeziona l'inibizione non direzionale. Le ho mantenute separate perché mi sembra che questo sia lo schema del sistema visivo e inoltre simulando la prima si alleggeriscono i calcoli del computer. Il trasposto delle evidenze neurofisiologiche sull'inibizione direzionale trova anche in questo caso conferma sui test eseguiti sul computer, produce l'assottigliamento del contorno (rif. fig. 12 b) e spiega molte illusioni ottiche. La prima evidenza psicofisica deriva dalle linee parallele vicine che perturbano la visione e producono strani effetti ottici perché i loro gradienti, allineati uno di fronte all'altro si inibiscono. C'è chi dice che il mantello delle zebre abbia quel disegno perché confonde la vista dei predatori. Permette anche di avvicinarci a perché le bande di Mach non si vedano quando la funzione Q deriva da una sfumatura stretta o nulla, come in fig. 9. In fig. 9 f) si nota un fortissimo gradiente AA' con conseguente formazione di direzione privilegiata che elimina la possibilità di rilevare gradienti nel suo intorno e quindi impedendo la rilevazione dei gradienti sule superfici AB e A'B'.   Questi gradienti sono rilevabili su Q in fig. 8 f, dalle due parti dei massimi che derivano dalla fig. 8 e) perché trattasi di due linee di massimo poco intense che non riescono a sopraffarsi. Q sembra un buon candidato per descrivere "quanto di vede" , tuttavia non è rigorosamente vero, occorrono ulteriori precisazioni. Per la funzione Q, legata all'inibizione non direzionale, si fa sempre più stringente il parallelo con bande di Mach visibili dalle persone, analogamente devo trovare nella visione umana il riscontro per l'ipotesi della direzione privilegiata, legata all'inibizione direzionale, che pur ha evidenze neurofisiologiche. A tal fine si consideri il rilevatore di gradiente in fig. 13 a), posto in un luogo dell'immagine dove vi sia un gradiente di luminosità ma non vi sia un campo direzionale, in tali condizione di isotropia si ricava la direzione e l'intensità del gradiente. Si generi poi sopra esso un campo nella direzione AB in fig. 13 b). Tale campo potrebbe essere prodotto da una linea retta disegnata vicino al rilevatore.

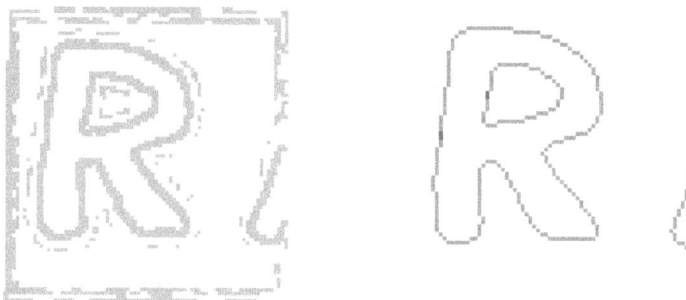

Fig. 12 a)   Fig. 12 b)

Il campo direzionale inibisce sensibilità alla rilevazione del gradiente lungo normale ad esso, mentre lascia inalterata la sensibilità lungo la sua parallela. In altre parole, la componente direzionale lungo n risulta diminuita dalla presenza del campo mentre quella lungo p risulta invariata. Di conseguenza il gradiente ruota in senso antiorario, oltre che essere diminuito in modulo. Consideriamo ora l'angolo ABC, in fig. 13 c). Il lato BC è soggetto al campo che genera il lato AB e viceversa ma per fissare le idee restiamo al primo caso. Ogni rilevatore sul lato CB ha la componente del gradiente normale ad AB diminuita, quindi il rilevatore ruoterà in senso antiorario come quello in fig. 13 a). Ogni rilevatore sul lato BC lo farà e si avranno tanti piccoli segmenti M'N', formanti una seghettatura sul lato. Questo non si vede ma non è per un errore, la spiegazione sarà nel paragrafo seguente. Consideriamo adesso un angolo ottuso come in fig. 13 e). Il campo della dp, prodotta dal lato AB si estende intorno ad esso e influisce sul lato BC. Anche in questo caso la perdita di sensibilità avviene sulla normale ad AB e ogni rilevatore di gradiente ruota in senso orario. Anche qui c'è il discorso della seghettatura. Comunque fin d'ora è difficile non intuire un legame fra questi risultati e gli esperimenti di Carpenter e

44

Blakemore secondo cui l'angolo acuto viene percepito ampliato e quello ottuso diminuito. Il lettore provi a ripetere il ragionamento invertendo i contrasti, considerando che sia il lato BC a generare il campo e quello AB a subirlo.

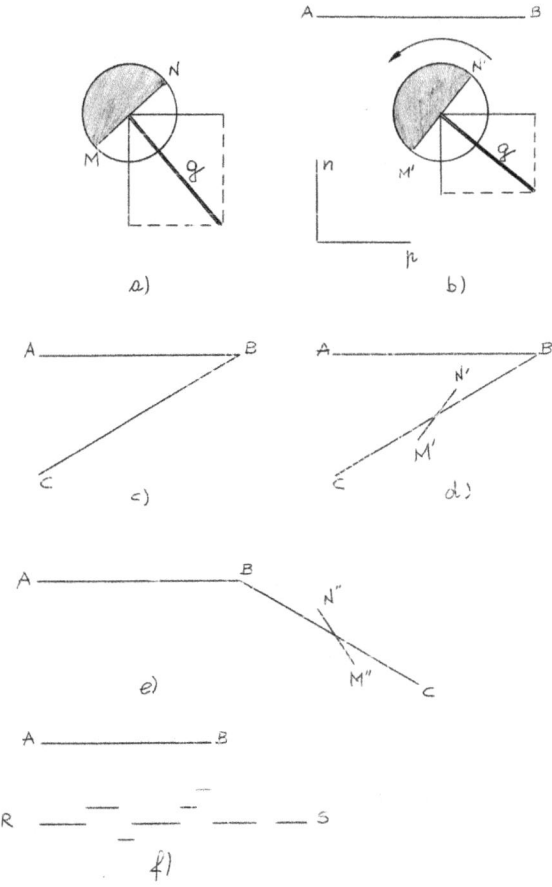

Fig. 13
Sempre in merito alla seghettatura un debole contrasto potrebbe formare una "scaletta" come in fig. 13 f), in cui un rilevatore di

45

gradiente elimina quelli vicini paralleli. Anche questa non è percepita e anche di questa di parlerà nel prossimo paragrafo. L'ipotesi della dp permette di iniziare la spiegazione dell'illusione di Kanizsa in fig. 14.

Fig. 14

I lati del triangolo sono infatti il prolungamento del campo direzionale, in particolare della linea privilegiata, che procede dai lati dei settori circolari bianchi intagliati nel cerchio nero. Sotto la lp i rilevatori di gradiente sono sensibilizzati a rilevare i gradienti normali ad essa. In tal modo essi tendono a cogliere e a magnificare i disturbi, tecnicamente parlando il rumore, lungo questa direzione mostrando un debole e malsicuro contrasto che in realtà non c'è. Rimane da spiegare l'effetto di profondità: perché il triangolo di Kanizsa appare in rilievo? Tenterò di rispondere nel paragrafo seguente. Perché tutto questo? A mio avviso queste distorsioni delle immagini sono il risultato dell'elaborazione volta a cogliere gli angoli sul contorno della figura.

3. L'isolamento dell'oggetto dallo sfondo

Il movimento dell'oggetto rispetto allo sfondo è essenziale per isolare un oggetto da questo. A mio avviso, questa prima parte del processo nell'uomo è certo operata dalle cellule Y ma non ho ancora sperimentato le mie idee sulla visione del movimento quindi mi limito a considerazioni valide nel caso statico. Il sistema visivo quando deve isolare un oggetto dallo sfondo si avvale di due strategie:

1. la messa a fuoco dell'oggetto, attraverso la variazione dei raggi del cristallino, che fa sì che solo l'oggetto alla distanza giusta sia nitido mentre il resto della scena visiva rimane sfocato, sfumato;

2. la visione binoculare. In essa   fig. 15, le immagini dell'occhio destro e dell'occhio sinistro sono diverse eccezion fatta per l'oggetto desiderato, che è puntato da entrambi gli occhi.

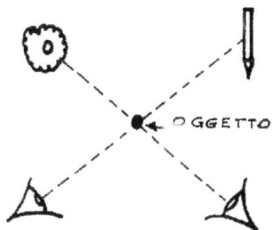

Fig.15
Ricordo che le colonne nella corteccia visiva rispondono una all'occhio destro e una all'occhio sinistro, come è mostrato in fig. 2, quindi esse porteranno i risultati dell'elaborazione di due immagini diverse eccezion fatta per quelle relative all'oggetto osservato con i due occhi che darà "grosso modo" la stessa immagine. In altre parole avremo delle colonne adiacenti a dominanza destra che avranno angoli diversi da quelle a dominanza sinistra, eccezion fatta per quelle che derivano dall'oggetto, osservato con i due occhi, che

avranno angoli uguali. E' naturale pensare ad un'inibizione fra colonne con angoli diversi e ad un suo rafforzamento fra colonne che hanno angoli uguali, cioè quelle relative all'oggetto. Oggetto, rimarco, che è già a fuoco, per opera del cristallino, mentre il resto è sfocato. Per quanto detto i contorni di un oggetto sfocato sono meno facili da ricavare rispetto a quello di un oggetto a fuoco. Inoltre il gradiente sui contorni di un oggetto sfocato è meno intenso del gradiente che si forma sui contorni di un oggetto a fuoco. I contorni definiti emergono sia dalla messa a fuoco che dalla visione binoculare dello stesso oggetto. Tale operare finisce di generare dei contorni, pur malsicuri, anche dove non ci sono.

Supponiamo di guardare una ziggurat, a forma di tronco di piramide dall'alto, da un elicottero fermo perpendicolarmente su essa. In queste condizioni si ha la percezione del rilievo (o della profondità, che dir si voglia) per la base minore della ziggurat. Se si mantiene lo sguardo sulla sua base superiore, la base inferiore della ziggurat risulterà sfocata, come appaiono progressivamente sfocate, scendendo le quattro facce che le uniscono. La base minore appare chiaramente isolata dal resto, anche se non ha i contorni marcati e si ha la percezione del rilievo o profondità che dir si voglia. In effetti la base superiore è in rilievo. La visione binoculare rende le immagini dei due occhi non perfettamente sovrapponibili, eccezion fatta per la cima della ziggurat. La percezione del rilievo pare sia portata da un'area a fuoco, circondata da un'area non a fuoco, area a fuoco è poi la stessa per i due occhi mentre le altre aree no. Un'immagine sfocata è un'immagine che ha sfumature, su cui è difficile stabilire contorni. E' la sfumatura a far nascere l'effetto profondità? Se dipingessi una sfumatura intorno ad un'area quadrata altro non farei che simulare quello accade lungo le facce che collegano le due basi della ziggurat vista dall'alto e dovrebbe apparire l'illusione del rilievo. Questi mie supposizioni trovano conferma nelle tecniche dei pittori. Leonardo da Vinci e Raffaello sono comunemente considerati gli antesignani nell'uso del chiaroscuro sfumato per creare l'illusione del rilievo mentre il Michelangelo se ne serviva a staccare violentemente le figure dal fondo. I pittori non fanno altro che imitare quello che fanno, la messa a fuoco e la visione binoculare, attraverso l'artificio del chiaroscuro intorno ad una zona, producono lo stesso stato cerebrale che producono la messa a fuoco e la visione binoculare e appare lo stesso effetto visivo del rilievo. Osservo ulteriormente che, in tutti questi casi, si forma un malsicuro e traballante gradiente fra la sfumatura l'area vista chiaramente, fra esse non si può parlare di contorno. E' questo insicuro gradiente, la causa ultima della percezione del rilievo? Per verificare questa intuizione, si prenda una lunga carta leopardata, cioè con lo stesso disegno della pelle del leopardo e si ritagli al fondo di essa la sagoma di un piccolo leopardo, di profilo. Si appoggi il leopardo sulla carta: esso ovviamente sarà invisibile. Si faccia muovere il leopardo ritagliato rispetto alla carta (o viceversa) il leopardo immediatamente apparirà ma in rilievo! Questo perché lo sfondo si muove e diventa confuso ma soprattutto perché le macchie della carta spariscono sotto la silhouette dell'animale e ne marcano il contorno in modo instabile. In questa chiave si può comprendere l'illusione del rilievo del triangolo di Kanizsa.   Le lp rendono sensibilissimi i rilevatori di gradiente nella direzione normale ad esse. Questi colgono dei disturbi e formano gradienti instabili, come quelli sui contorni del leopardo ritagliato, come quelli fra l'area chiara e la sfocatura adiacente. Non è una questione di luminosità. Si potrebbe pensare che, nella zona fuori del triangolo, la figura, a causa dei tre settori circolari neri,   sia mediamente più scura e si abbia un gradiente. E' vero e ne discuterò in seguito ma non è il motivo per cui avviene l'effetto rilievo, che è presente anche nella fig. 16 dove l'obiezione non vale.

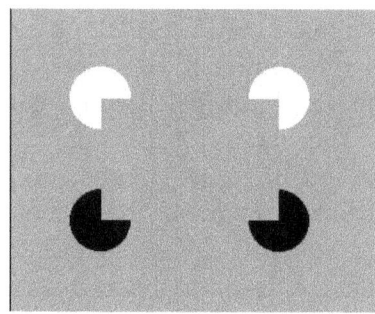

Fig. 16

La controprova che siano i gradienti malfermi a dare l'illusione di profondità è fornita dalla fig. 17 dove ho tracciato dei bei lati intorno al triangolo in fig. 14 ed ho fatto scomparire l'effetto del rilievo.

Fig. 17

In conclusione, in natura, una figura in rilievo, come la ziggurat, appare circondata da una linea di rilevatori di gradienti instabili. Inversamente se io costruisco artificialmente una linea di rilevatori di gradiente instabili la figura entro questi gradienti apparirà in rilievo.

4. La formazione dell'immagine visiva

Io e Tizio stiamo osservando lo stesso albero dalla stessa posizione.

Io vedo un albero e posso ragionevolmente supporre che anche Tizio veda un albero come lo vedo io. Quello che io vedo in lui è l'albero, pur rovesciato, sulla sua retina ma nel suo cervello, se potessi aprirlo, non vedrei alcun un albero ma tante cellule variamente eccitate e variamente disposte. Banalmente se mancasse l'eccitazione delle cellule Tizio non vedrebbe più l'albero, dunque queste eccitazioni si devono poter interpretare come la visione dell'albero che si proietta sulla sua retina. Quanto dico adesso non ha nulla a che spartire con l'idea che il mondo non si possa conoscere: io vedo l'immagine sulla retina di un uomo e vedo delle cellule eccitate nel suo cervello. Usando il modello meccanicistico che ritengo adatto alla comprensione cerebrale devo spiegare che succede nel cervello e che da origine alla visone, posto che questa parola abbia senso. Nelle ultime righe del paragrafo discuterò di quest'affermazione. Ritengo che nell'uomo la sede della visione sia la corteccia visiva perché un uomo deprivato di questa rimane cieco. Tuttavia esiste anche una "visione cieca" se davanti a un uomo, deprivato della corteccia visiva viene accesa una lampadina, egli lo capisce e riesce a indicare con la mano la posizione della lampadina pur affermando di non vederla. Non mi stupisce, è una conferma di quanto ho sempre pensato: il riconoscimento un tempo avveniva con l'apparato chemiosensorio la visione serviva a localizzare gli oggetti, per schivarli, rincorrerli,… questo comporta il controllo sui muscoli che doveva essere pertinenza dell'arcaico apparato visivo, quello senza corteccia visiva e in effetti nel talamo si trovano nervi che possono farsi risalire all'occhio (anche al tatto e all'udito) e nervi motori ma non si trovano nervi che che si possono riferire all'olfatto. Ora gran parte del controllo sui muscoli è passato dal paleoencefalo alla neocorteccia, ma restano ancora tracce del vecchio funzionamento, anche nell'uomo. Comunque, sfrondando, nell'uomo il percorso visivo primario va dalla retina al corpo genicolato laterale e poi alla corteccia visiva. Nella corteccia visiva, le aree associative,

cioè legate ad altre parti del cervello, ai nervi che controllano i muscoli cominciano dopo le cellule complesse. Fra l'occhio e le cellule complesse il sistema visivo non si confronta con nulla, procede all'elaborazione dei dati con una sua immutabile procedura interna, come fanno il rene o il fegato. Il confronto fra i mutevoli dati del mondo e le mutevoli esigenze del vivente avviene nell'area associativa. Qui è necessario riconoscere le cose, localizzarle, per poter applicare strategie quali schivarle, rincorrerle,... Quali informazioni ci sono a questo livello, ovvero appena oltre le cellule complesse? Eliminando i dettagli inessenziali, occorre ricordare che:
1. le cellule complesse sono sensibili agli angoli dei segmenti dei contorni della figura e alla loro approssimata posizione. Riferendoci alla fig. 18 a), il segmento è AB, la direzione RS è quella lungo la quale può muoversi il segmento, entro l'area tratteggiata. In altre parole, ogni segmento parallelo ad AB, entro quest'area eccita la stessa cellula;
2. la linea del contorno (o quella della direzione privilegiata), propagandosi verso le cellule visive vicine, assicura l'ordine e la contiguità della successione dei segmenti angolati;
Supponiamo di avere un insieme di segmenti, lunghi uguali, di essi sappiamo: l'inclinazione (punto 1 dell'elenco precedente) e il loro susseguirsi (punto 2). Li potrei disegnare disordinatamente su un foglio come in fig. 18 b), con la loro inclinazione, avvertendo in una nota che sono contigui. Addirittura potrei evitare il disegno, scrivendo una tabella numerica. Sono tautologie. Oppure li potrei disegnare come in fig. 18 c) ordinatamente uno di seguito all'altro e così essi sarebbero pure contigui. In entrambe le rappresentazioni i segmenti sono ordinati, nella rappresentazione in fig. 18 b), la contiguità è specificata dalla nota fig. 18 c) dalla successione geometrica; gli angoli sono gli stessi.

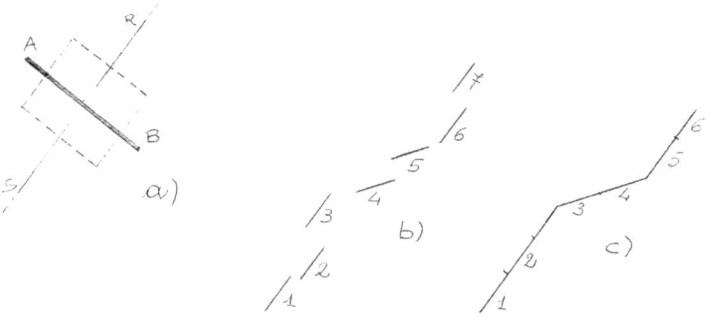

Fig. 18
Così si formano le immagini: macchie con un livello di grigio
uniforme, distinto da un contorno preciso. La visione può essere
interpretata come il contenuto dell'informazione che giunge all'area
associativa. I punti elencati sopra non sono certo i presupposti di una
teoria assiomatica, tutto può e deve essere precisato, ma il grosso non
può sfuggire: la visione è il compendio di queste informazioni, che
non portano la posizione precisa del segmento, che quindi non si può
vedere. Inoltre, come si vedrà nel Cap. IV le aree che sono viste sono
quelle che maggiormente eccitate e per quanto detto ora non importa
come esse siano sparse nel cervello. Quanto detto concorda con la
neurofisiologia, che rilevano che la distruzione di quest'area produce
cecità e con molta psicologia, secondo cui la visione avverrebbe nella
zona cerebrale dove il mondo e le esigenze del vivente si
confrontano.
Conferme vengono anche dalle illusioni ottiche. Combinando quanto
detto sopra con quanto detto intorno alla fig. 13 si comprende
l'illusione di Poggendorff in fig. 19, in cui gli angoli acuti sono
percepiti maggiori di quanto lo siano. Ora si comprende non solo
perché le due semirette, in realtà allineate, appaiano come due
semirette parallele ma perché non appaia nessuna seghettatura su
esse. I segmenti sui lati devono portare non solo l'informazione della

53

successione ma anche quella della contiguità.

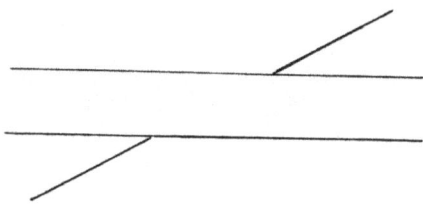

Fig. 19
Con le stesse considerazioni si spiegano l'illusione di Hering fig. 20
a) e quella di Zoellner in fig. 20 b).

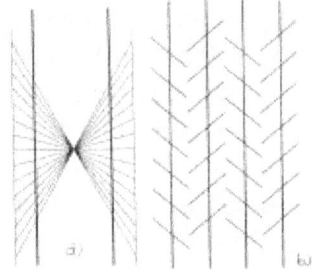

Fig. 20
In particolare l'illusione di Zoellner fa capire che il sistema visivo
trasmette approssimata la posizione dei contorni ma la trasmette;
infatti se allungo le rette verticali della figura oltre un certo limite si
producono distorsioni e instabilità nell'immagine perché queste
verticali dovrebbero distanziarsi in virtù degli angoli ma non possono
farlo oltre certi limiti. Le stesse considerazioni spiegano i contorni
malsicuri, come quelli del triangolo di Kanizsa, che appaiono
allineati e non traballanti come in realtà sono per le considerazioni
svolte intorno alla fig. 13 f): le cellule complesse non rilevano, entro
certi limiti, la posizione (trasversale) del segmento che le eccita.

Il contorno di una figura è altra cosa di una linea tracciata su un foglio; infatti questa va vista come una sottile barra, il cui contorno è il suo perimetro. Il contorno separa due livelli di eccitazione. In generale, entro i contorni la luminosità è percepita costante, altrimenti la variazione di luminosità produrrebbe contorni. La visione avviene quindi per macchie di luminosità costante. Una sfumatura se è molto attenuata non genera un contorno, non c'è un gradiente rilevabile; una sfumatura con un buon gradiente genera un contorno instabile perché non vi è una precisa linea privilegiata ma i gradienti si sopraffanno e si alternano in una striscia e si ha l'effetto rilievo. Ciò è manifesto nell'illusione in fig. 21: i due "trapezi" hanno contorni esterni ben definiti e anche il contorno sul lato AB che hanno in comune è ben definito. Consideriamo il trapezio superiore, esso ha al suo interno, lungo i suoi lati, delle strisce sfumate più scure. Quella più evidente è lungo la base maggiore AB. Se la si osserva attentamente si nota che il suo andamento non è lineare, la striscia forma una sottostricia (scurissima) adiacente ad AB, per schiarirsi rapidamente andando più lontano da detto lato. I gradienti massimi formano una linea privilegiata, si forma lungo questa striscia scurissima, interna alla striscia scura parallela ad AB. Non è però un gradiente nettissimo, è abbastanza malsicuro, che comunque separa il grigio scuro da quello chiaro della striscia. E' così anche per gli altri lati del trapezio. Dunque entro al trapezio superiore, dai lati ben definiti, se ne forma un secondo, interno, dai contorni traballanti che contiene anche la sfumatura grigio chiara delle strisce. Questa è debole e non genera gradiente o i suoi gradienti sono distrutti da quelli più potenti della linea privilegiata. Dove il gradiente non è percepito, non è percepita neanche la differenza di luminosità quindi è ragionevole pensare che entro i contorni, che nel caso sono da intendersi del trapezio incluso, si formi una brillanza media uniforme. Vorrei notare che la percezione dell'intensità della sfumatura dipende dalla convergenza dei sensori sulla retina. Se i nervi ottici, coinvolti nel processo visivo fossero rari e distanti rileverebbero gradienti che nervi ottici folti e vicini non rileverebbero. Quest'affermazione risulterà chiara dopo la lettura del Capitolo I sulla visione periferica e quella centrale. Quello che si vede è all'incirca la luminosità media M entro i confini dei gradienti P-M, a volte lievemente distorti.

Mutatis mutandis le stesse considerazioni si possono applicare al trapezio inferiore.

In conclusione, per quanto detto nel paragrafo precedente, i trapezi interni inferiore e superiore dovrebbero apparire in rilievo. L'assenza di ulteriori gradienti nei trapezi interni indica che il sistema visivo non coglie in essi sfumature e in essi il grigio dovrebbe essere uniforme. Tuttavia il trapezio interno superiore ha entro se del grigio più scuro di quello inferiore e quindi dovrebbe apparire più scuro. Chi guarda la figura giudichi le conclusioni.

Fig. 21

La striscia intorno al lato AB è la maggior responsabile dell'illusione. La si copra con un dito e le luminosità dei due trapezi appariranno molto simili. Precisione maggiore nella controprova si otterrà con una mascherina che copra anche le strisce sfumate lungo i lati.

Sparirà anche l'effetto rilievo.

Un'altra cattiva percezione della luminosità viene dalla presenza di zone di diversa luminosità, questo comporta un adattamento dell'occhio alla luminosità media entro il contorno della figura isolata nella visione centrale. Una figura chiara produrrà un calo di sensibilità dei recettori ottici, forse anche un restringimento della pupilla, che scurirà tutta l'area. Tanto provoca l'illusione in fig. 22, in cui il quadrato grigio a destra appare più scuro di quello a sinistra mentre sono dello stesso grigio; infatti

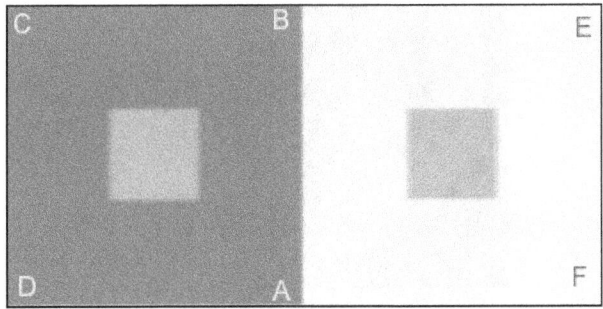

Fig. 22

l'occhio si adatta alla diversa luminosità dei due quadrati maggiori che li contengono. In altre parole dal quadrato ABCD deve provenire la stessa intensità di scarica che dal quadrato BAEF. Questo implica che la sensibilità dei recettori sotto il quadrato ABCD è aumentata e esso si schiarisce; si schiarisce il nero ma anche il grigio al suo interno. Viceversa i recettori sotto il quadrato quadrato bianco diminuiscono la loro sensibilità, il bianco si scurisce e anche il grigio al suo interno.

Un interessante esempio che combina la regolazione della brillanza entro i contorni con l'adattamento alla luminosità è nella figura 23, dove l'anello è dello stesso grigio e rimane dello stesso grigio pur osservando solo la sua parte sinistra, che invece dovrebbe schiarirsi e parimenti, osservando solo la sua parte destra quella metà di anello dovrebbe scurirsi. Tuttavia se io metto una matita lungo la direzione della separazione fra bianco e nero vedo la parte destra scurirsi e quella sinistra schiarirsi. Questo perché la differenza di tonalità entro l'anello genera un gradiente modesto che non è tale da essere rilevato e in assenza della matita il sistema visivo media la brillanza nel contorno, cioè in tutto l'anello.

Fig. 23
Con piccole correzioni, già accennate in precedenza, vi sono buone ragioni di pensare che la visione della luminosità sia data dalla funzione

$$Q=M+k(P-M) \qquad (2)$$

in particolare dalla M, perché il secondo monomio riguarda soprattutto i contorni. Tuttavia dall'applicazione della formula si ottiene uno risultato opposto a quello visto in precedenza. Infatti, siccome il cerchio M, in cui si calcola la media della luminosità riferita al punto P, si estende oltre il bordo dell'anello grigio esso dovrebbe schiarirsi a destra dove l'anello è nel bianco e annerirsi a sinistra dove è nel nero (vedi fig. 24). L'informazione della luminosità che porta P è questa, poi essa sarà mediata e contenuta entro i contorni.

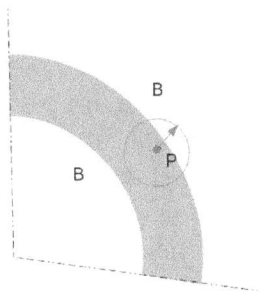

Fig. 24. B: area bianca.

La sensibilità dei recettori, il loro adattamento alla luminanza locale, che avviene con la normalizzata intensità di scarica, è in contrasto con il portato della (2). Si tratta di due effetti contrari e sovrapposti. Il primo dei quali, quello dell'adattamento, si può eliminare con l'artificio in fig. 25, in cui le due metà destra e sinistra dell'anello stanno in quadrati che hanno grosso modo la stessa luminosità media. In tal caso, mettendo la matita come prima si vede che la parte a destra schiarisce, come previsto, perché risente del bianco intorno.

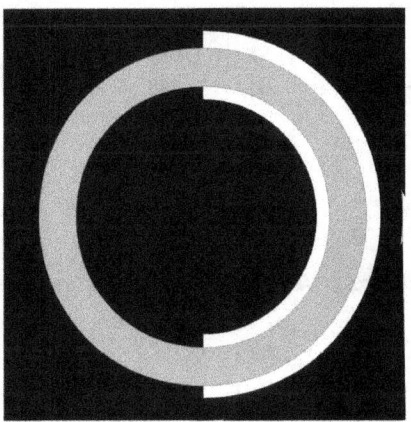

Fig. 25

La fig. 26 è un'ulteriore prova. Il grigio sopra e quello sotto hanno la stessa tonalità ma quello sopra, circondato dal bianco appare più chiaro perché la funzione M, in prossimità del contorno bianco ma con il suo centro P nel grigio ha valori alti, dovuti al bianco che è nel cerchio in cui si calcola la media. Invece il grigio sotto è circondato dal nero e nei punti prossimi al contorno il cerchio della media sarà in gran parte nero ed avrà un valore più basso, che porterà nel grigio, scurendolo. Va da se che ritengo che il colore nei rettangoli sia uniforme. Con le stesse considerazioni si spiega il cambio di tonalità dei rettangoli neri superiori rispetto a quelli inferiori.

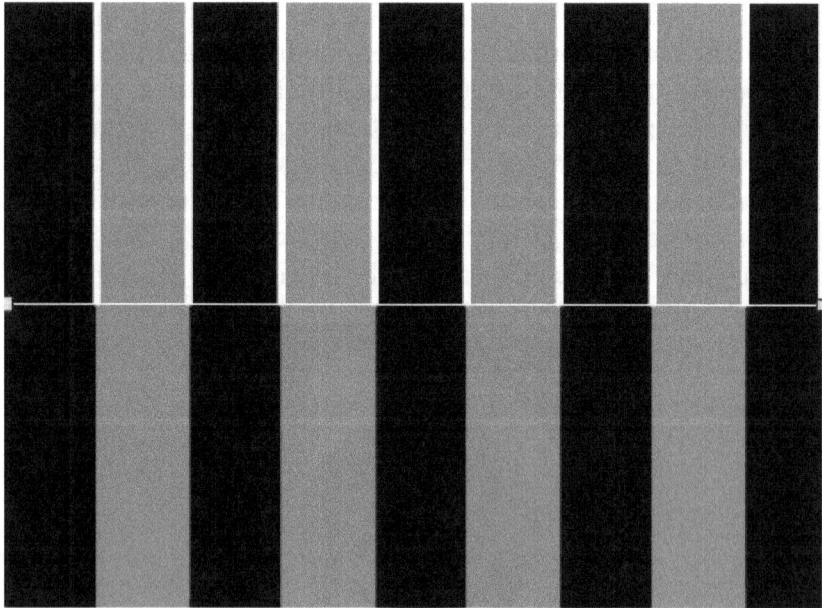

Fig. 26
Con la funzione (2) si può interpretare l'illusione in fig. 27. In fig. 27 appare un rettangolo bianco entro una serie di segmenti paralleli neri, che si possono pensati formanti un quadrato ABCD. Si noti che fra i segmenti del quadrato la brillanza è minore di quella della carta intorno al quadrato stesso e del rettangolo al suo interno, mentre da un punto di vista fisico, il bianco ha sempre la stessa luminanza.

60

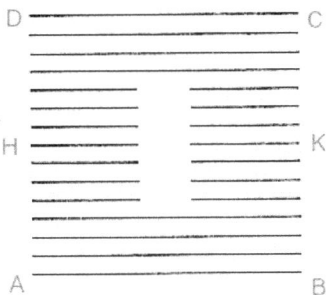

Fig. 27

Si consideri un cerchio di convergenza con diametro maggiore della distanza fra i segmenti, la funzione M di ogni punto fra le linee risulta minore della luminosità di P, perché nel cerchio di convergenza c'è il nero della linea. Spostandosi trasversalmente alle linee, si giunge al rettangolo interno e la funzione M diminuisce fino a raggiungere il valore di P. In tale zona si crea un debole gradiente perpendicolare alle linee. La stessa considerazione si può fare dove le linee finiscono, ad esempio sul alto AB. Tali gradienti generano un debole, instabile contorno bastevole a contenere il lieve scuro fra i segmenti e a far apparire in rilievo il rettangolo entro il quadrato. Il lettore si allontani dal foglio e vedrà il quadrato scurirsi e il rettangolo al suo interno accentuare il suo rilievo. Basandosi su queste considerazioni si potrebbero condurre esperimenti di psicofisica, volte a quantificare la 2) e le considerazioni sulla dp. Se si disegnano dei puntini sugli estremi dei segmenti, come in fig. 28, l'illusione svanisce riemerge solo allontanandosi molto perché essi perturbano il formarsi della d.p. perpendicolare alle linee e il grigio chiaro e il bianco, senza gradiente, si espandono confondendosi. Un computer i cui programmi funzionino come ho descritto, vede? Si forma in esso un'immagine del mondo come si forma in me? Non lo so. Non so neanche se in un'altra persona si forma un'immagine del mondo come si forma in me. Reagisce agli agli stimoli, come me? Cade nelle stesse illusioni ottiche in cui cado io? Questo si può

61

verificare. Di più non si può dire, persona o computer che sia.

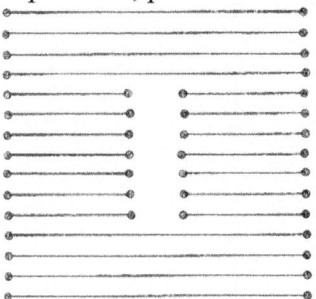

Fig. 28

5. Cenni sulle teorie del colore e agganci neurofisiologici

L'informazione del colore parte dai coni essi hanno sensibilità vaste ma massime su tre lunghezze d'onda della luce. Questo permette di asserire che vi sono tre tipi di coni, cui sensibilità alle lunghezze d'onda è largamente sovrapposta. Inoltre, ognuno di noi, fin da bambino, ha provato, disegnando, che ogni colore si può ottenere da tre colori fondamentali e sul tricromatismo si basa la teoria di Young. Un'altra teoria della percezione dei colori è quella di Hering, che si basa sulla differente intensità del bianco e di due coppie di colori fondamentali, rosso-verde e giallo-blu. Anche questa seconda teoria ha indubbi supporti fisiologici: le cellule antagoniste del corpo genicolato, che ricevono impulsi da coni diversi e formano i sistemi rosso-verde e giallo-blu. Nelle cellule antagoniste la presenza di luce rossa inibisce la rilevazione di luce verde e viceversa. Idem per le cellule giallo-blu. Inoltre queste cellule sono sensibili ad una gamma di frequenze molto più stretta di quella dei coni. In varie zone del sistema visivo vi sono poi cellule non antagoniste sensibili ai colori, ci sono sembrano un residuo di una visione più antica, di esse so poco ma l'informazione che portano alla visione va considerata. Io

62

concordo con chi pensa che le due teorie, di Young e di Hering, siano conciliabili: secondo me la prima è vera quando ci si limita a considerare i coni, la seconda quando si va verso l'interno del cervello. Dunque, volendo spiegare la visione, che è un fatto che ritengo proprio della zona interna al cervello, dovrò dare credito alla seconda teoria. Sperimentando con telecamera e computer, ho rilevato (non certo scoperto!) che i colori sono un eccellente sistema per rilevare i contorni. Infatti, se consideriamo due zone, una verde e una rossa di pari luminanza esse, con la visione monocromatica, si confondono. Un filtro rosso davanti alla telecamera b/n fa apparire la zona rossa bianca e quella verde nera. In altre parole genera un forte gradiente di luminosità fra loro. Dalla considerazione che i contorni sono importantissimi per il riconoscimento delle forme ottengo un ulteriore indizio che la teoria di Hering sia valida. Hering nel formularla partì dalla considerazione che, dati quattro colori, rosso, giallo, blu e verde, nessuno ha mai visto un colore giallo bluastro o un colore rosso verdastro mentre prendendo un'altra coppia di questi colori e dosandoli si riescono a fare tutte le tinte, Come mostrato in fig. 29, tratta da wikipedia. Essa si trova a colori sul sito www.beva.it oltre che su wikipedia. Fin qui la neurofisiologia e la psicologia. Anche la fisica ha qualcosa da dire sulla luce. La radiazione del Sole è, grosso modo, quella del corpo nero intorno ai 6000 °K. In fig. 30 sulle ascisse vi sono le lunghezze d'onda (λ) e sulle ordinate l'intensità della radiazione di quella lunghezza d'onda. Lo spettro delle lunghezze d'onda che forma la luce visibile è solo una piccola parte della radiazione totale. Entro questo spettro si suole distinguere la luce in 7 colori dal rosso al violetto, seguendo l'idea (strampalata) di Newton che associava una nota musicale ad ogni colore e immaginava che suonando e proiettando il colore relativo alla nota, sarebbero emersi giochi di luce di uguale bellezza di quella del brano musicale. In realtà i colori sfumano uno nell'altro e il loro numero è arbitrario.

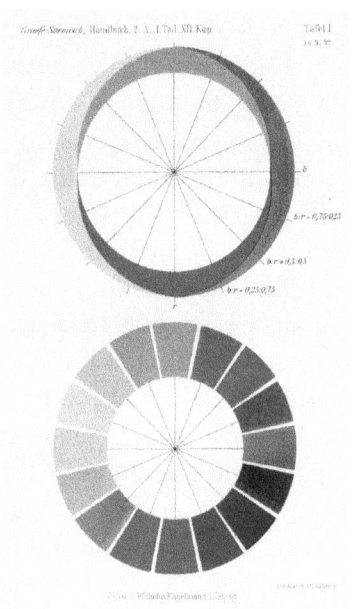

Fig. 29

Inoltre il colore è un fatto cerebrale, una percezione, associato solo malamente alla lunghezza d'onda della luce. Con questa consapevolezza, proiettando lo spettro della luce solare su uno schermo e chiedendo a degli osservatori di indicare i tre colori fondamentali, su cui si basa la teoria di Young, essi grosso modo convengono che le loro lunghezze d'onda, espresse in nanometri, siano di 680 per il rosso, 580 per il giallo, 550 per il verde e 480 per il blu. Molto dipende dall'osservatore, non sono dati precisi. Per semplicità di esposizione, salvo avviso contrario, quando parlerò di rosso io intenderò quella particolare lunghezza d'onda della luce. Idem per gli altri colori. Prima di arrivare a noi la radiazione solare deve attraversare lo spazio ed entrare nell'atmosfera, dove verrà in parte riflessa, parte rifratta e parte assorbita. Senza fare la trattazione in dettaglio, che va oltre le mie conoscenze, è importante sapere che l'assorbimento della luce non è uniforme rispetto alle

64

frequenze e che l'intensità delle lunghezze d'onda che ci investono varia nel corso della giornata: pensate alla luce a mezzogiorno e alla luce al tramonto.

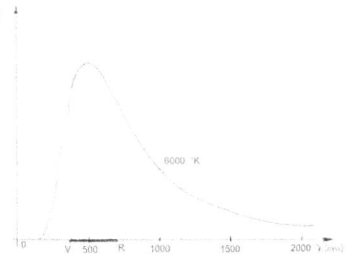

Fig. 30. VR: lunghezze d'onda della luce visibile.
Forse questo succede perché alla sera la luce è più angolata che a mezzogiorno e deve attraversare più aria. Ancora, il cielo può essere nuvoloso, ecc... la luce che ci raggiunge varia molto ma nonostante questo una camicia bianca appare bianca a mezzogiorno, quando riflette prevalentemente luce le cui frequenze sono distribuite intorno al giallo e appare bianca anche di sera, quando riflette luce le cui frequenze sono prevalentemente intorno al rosso. Il problema della costanza cromatica si può risolvere, sempre che si rimanga nell'ambito delle variazioni della luce solare; infatti la costanza cromatica non è assoluta, se illumino una camicia bianca con luce monocromatica rossa, la camicia apparirà rossa. Nell'iniziare lo studio è opportuno ricordare che il sistema visivo prima regola e normalizza la scarica in base alla luminanza di quanto si proietta su tutta la retina (visione periferica), in sostanza su tutto il flusso luminoso entrante nell'occhio e poi, nel caso si passi alla visione centrale, in base alla luminanza di ciò che si proietta entro l'area retinica più ristretta relativa alla visione centrale. Suppongo che il sistema per regolare i colori sia analogo (ma non identico) a quello per regolare la luminosità e occorra, anche in questo caso, distinguere fra visione periferica e centrale. Infatti i coni, seppure più rari che

65

intorno alla fovea, sono presenti su tutta la retina e possono assolvere alla funzione che richiederò loro. Ovviamente, nelle regolazioni necessarie per la visione cromatica la pupilla non può avere alcun ruolo. La visione in bianco e nero, operata dai bastoncelli rende conto delle differenze di luminosità e cioè se in quel punto c'è più o meno luce. Per questo basta un solo canale, un solo nervo per punto della retina se si preferisce, che porta l'informazione della luminosità attraverso una scarica di più o meno elevata frequenza; invece i nervi che giungono alle cellule double opponent sono due: uno per il giallo e uno per il blu oppure uno per il rosso e uno per il verde. L'intensità della scarica nel nervo che porta l'informazione del rosso da un punto può essere tanta o poca ma non influenza la scarica che porta l'informazione del verde, perché questa viaggia su un altro nervo. Mentre luce e buio sono intensità della stessa luce, verde e rosso hanno entrambi due intensità indipendenti, ognuno di questi due colori ha il suo canale, in cui la scarica è modulata con una frequenza dipendente dall'intensità della luminanza di quel singolo colore. Idem per giallo e blu. I canali per i colori potrebbero essere 2, uno per il rosso verde e uno per il giallo blu ed esservi delle regole aggiunte che renderebbero equivalente questa struttura a quella con quattro canali. Mi sembra più complicato e quindi penserò a quattro canali, ipotesi che mi pare conforme alla neurofisiologia. Anche la normalizzazione dell'intensità della frequenza di scarica, avviene attraverso l'integrazione spaziale e si potrebbe pensare di farla partendo dai coni, tuttavia io credo che sia più semplice normalizzare tale intensità per ognuno dei quattro colori fondamentali, che già derivano da un'elaborazione delle emissioni dei coni. Concettualmente è possibile e facile: basta agire sull'intensità della scarica che proviene da tutta la retina per ognuno di questi quattro colori e analogamente a quello che capita per la visione monocromatica, mantenerla costante per ogni colore. In altre parole, per esempio, se si considera la visone periferica, il numero di impulsi per secondo di tutti i nervi che portano all'area visiva l'informazione del colore blu, deve essere lo stesso guardando un paesaggio sia con un bel Sole sia sotto le nubi, oppure guardando un bosco verde o il mare blu. Quanto ho detto per la visione periferica può essere trasposto nella visione centrale. Questa ipotesi va presa cum grano salis, nei limiti di un apparato biologico come il cervello. Se ad esempio si guarda una scena gialla con una piccolissima area blu, solo i nervi relativi a quell'area saranno percorsi dalle scariche della luce blu, il dispositivo opererà su essi ma anche se la loro frequenza di scarica sarà fortemente aumentata non riuscirà, sotto ragionevoli ipotesi, a raggiungere il valore richiesto dalla normalizzazione. Le considerazioni di sopra rendono il sistema visivo in grado di ricavare il gradiente fra la coppia di colori rosso e verde e la coppia gialla e blu anche se la luminanza delle aeree colorate che formano le coppie dei colori antagonisti fosse la stessa, rilevando in tal modo contorni che sfuggirebbero alla visione monocromatica, che genera i gradienti in base alla luminanza. Tuttavia la funzione P-M, fondamentale per segnalare la presenza di contorni nel caso monocromatico, basata sull'intensità luminosa, non è immediatamente applicabile al caso bicromatico. Continua invece ad avere applicazione un rilevatore di gradiente tipo quello di fig. 10. Consideriamo che esso, invece del chiaro e dello scuro, rilevi il rosso in un semicerchio e il verde nell'altro. Un tale rilevatore non coglierà alcun gradiente fra il rosso e il blu perché i nervi che portano le informazioni del rosso e del blu non vanno alle stesse cellule double opponent. Esplorare tutta la figura con questi rilevatori può essere faticoso, è però possibile stabilire una funzione analoga a P-M e cercare i contorni solo dove essa sia diversa da zero. Tale funzione si può ottenere ponendo ricavando la differenza P'(x,y) fra l'intensità della scarica del rosso R(x,y) e quella del verde V(x,y) in ogni punto dell'area visiva. M' sarà la media di P' in un cerchio di raggio r. Il punto P' può avere valore positivo, se prevale il rosso o negativo se prevale il verde. La (2) diventa nel caso la (2'). Lo stesso ragionamento va fatto per la coppia di colori gialla e blu.

$$Q'=M'+K(P'-M') \quad (2').$$

In analogia con quanto detto per la visione monocromatica, ritengo che lo spandersi del colore rosso o verde sia l'informazione che porta M' e che essa sia costante entro i contorni, che la limitano. Altrimenti emergerebbe un nuovo contorno. Come nel caso monocromatico entro i contorni non vi possono essere sfumature perché se il salto di luminosità fosse percepibile si formerebbe un gradiente e un contorno. Identicamente per i colori giallo o blu. Poiché M' porta l'informazione visiva, nel caso policromo non si può vedere un'area rosso-verdastra ma rosso chiaro, rosso scuro, nero, verde scuro e verde chiaro. Perché il valore di M' può essere positivo, nullo o negativo e valori diversi vicini generano il gradiente. Idem per la coppia giallo blu. Le funzioni M' sono due: quella del rosso verde e l'altra quella del giallo blu. In relazione al colore che assumono, se insistono sulla stessa zona, possono generare le combinazione dei colori i colori giallo e verde, giallo e rosso, blu e verde, blu e rosso. Questi colori non sono alternativi. Si può pensare all'informazione che produce l'immagine cerebrale come a tre piani trasparenti sovrapposti: uno per la luminosità, uno per il rosso o il verde e uno per il giallo o il blu. In ognuno si formano macchie, in genere uniformi e dunque separate da contorni, di chiaro-scuro, di rosso-verde o di giallo-blu. Nella nostra visione l'informazione è percepita come il formarsi dei colori in fig. 29. Unitamente all'informazione sulla luminosità il modello che propongo rispecchia perfettamente la teoria di Hering. Dalle illusioni ottiche dovrebbe venire la prova di questo modello. Infatti, la camicia bianca posta sotto qualunque luce, diversa di quella del corpo nero a 6000 °C, continuerà ad apparire bianca perché se è vero che essa rifletterà per ogni frequenza un valore proporzionale a quella frequenza nella luce ambientale, ognuno dei quattro colori manterrà costante l'intensità della frequenza della scarica totale. Il valore di questa intensità può essere arbitrario, uguale o diverso per ogni colore o forse proporzionale all'intensità che hanno i quattro colori nella radiazione del corpo nero. Non ha importanza, basta che vi sia la normalizzazione. Questa costanza dei colori è stupefacente nell'esperimento che Land condusse su un quadro simile a quelli del pittore Mondrian. Molti dei quadri del Mondrian sono composti da rettangoli (o altre figure geometriche) di vario colori, accostati. Un po' come le toppe dell'abito di Arlecchino (fig.31). Land operò così: illuminò un disegno tipo un quadro di Mondrian con tre proiettori, uno rosso, uno giallo e uno blu e considerò due rettangoli uno arancione e uno viola. Misurò la luce rossa, la luce gialla e la luce blu riflessa dal rettangolo arancione. Quindi si concentrò sul rettangolo viola e variò l'intensità luminosa dei tre proiettori in modo che la luce riflessa dal rettangolo viola, per ognuno dei tre colori,rosso, giallo e blu avesse la stessa intensità di quella che era stata riflessa dal rettangolo arancione. C'era da aspettarsi che il rettangolo viola apparisse arancione, in fondo rifletteva la stessa luce che prima rifletteva il triangolo arancione. Invece il rettangolo restava viola! Se si ammette che il sistema visivo abbia rimodulato la sensibilità all'intensità delle frequenze della luce, la conclusione non appare più paradossale. Non sono sicurissimo di quello che scrivo, perché la letteratura (che sono riuscito a reperire) che riporta l'esperimento è imprecisa, ma mi pare che egli illuminò il rettangolo viola del mondrian davanti, con tre luci falsate rispetto a quella solare, quindi credo che il sistema visivo abbia regolato la sensibilità alle frequenze sullo spettro del corpo nero. Suggerirei (e se avessi più tempo ci proverei pure) di illuminare davanti il mondrian con luce solare e il rettangolo viola lo realizzerei di carta trasparente e lo illuminerei da dietro con i tre proiettori, in modo che trasparisse da esso la stessa luce che riflette il rettangolo arancione: in un contesto di luce solare sono convinto che il rettangolo viola apparirebbe arancione.

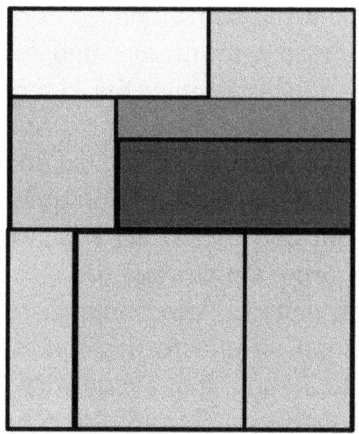

Fig.31

Non ho fatto la prova però. Non so se i quattro colori e le tonalità del grigio permettano di ottenere tutte le tinte. Io direi di si, tuttavia a parlare dovrebbero essere dei pittori o dei fotografi. Grosso modo però la teoria è corretta e trova agganci nella neurofisiologia: nel corpo genicolato dell'uomo e nei primati vi sono molte cellule antagonistiche che rispondono a strettissime bande di poche frequenze. Poi vi sono (meno) cellule non antagonistiche che rispondono a variazioni di luminanza. Quindi i canali sono due: uno per il colore e uno per la luminosità. Circa la luminosità ho già detto prima. Circa il colore se servono solo quattro colori, in sostanza quattro lunghezze d'onda dello spettro, perché i coni sono sensibili a tutto lo spettro e la loro sensibilità è largamente sovrapposta? Non so dare risposte, non credo che neanche un neurofisiologo le possa dare. Probabilmente il sistema visivo integra l'informazione di tutto lo spettro visibile e ne trae i quattro colori fondamentali. Probabilmente è durante questa integrazione che avvengono gli aggiustamenti che ho descritto. Io offro un modello concettualmente realizzabile che assicura la costanza cromatica nelle stesse condizioni in cui la assicura il sistema visivo umano. Di più non so dire. In analogia a quanto scritto per la luminosità, la fig. 32, si spiega conformemente a quanto detto intorno alla fig. 24 ed è la prova che la (2') si applica ai colori: fra le righe gialle il grigio ingiallisce e fra le righe blu il grigio tende al blu.

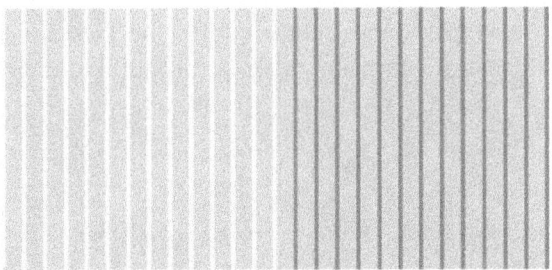

Fig.32

Un'ulteriore conferma viene dalla fig. 33 in cui il rosso e il verde attraversati dal giallo schiariscono come previsto da Hering, conformemente alla fig. 28. Non escludo però, che la vicinanza dei colori opponenti rosso e verde, provochi lo scurirsi del verde e del rosso nella parte inferiore della fig. 32. Un'impressionante prova della validità del modello per spiegare la visione viene dall'esperimento in fig. 34. Che mostra che senza un gradiente che faccia da "argine", ovvero che contenga l'informazione del loro limite, i colori si spandono.

Fig. 33

Un posto nel sistema visivo dove il gradiente non si può formare, è il corrispondente della macchia cieca dell'occhio. Le d.p. sono verticali e possiamo pensare si prolunghino ma non c'è nessuna d.p. orizzontale fra rosso e verde. Se si osserva con un occhio solo il quadratino in fig. 34, in modo che la macchia cieca vada sul disco fra i colori rosso e verde ci si rende conto che i colori antagonisti si mescolano e nessuno capisce dove comincia uno e dove finisce l'altro.

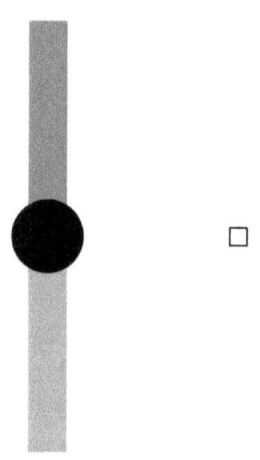

Fig. 34
Ho ripreso questa illusione dall'articolo di Ramachandran apparso sul numero 287 delle "Scienze" del 1992 per essa è scritto: "I volontari hanno riferito che, quando il disco andava a cadere sulla macchia cieca, il segmento appariva continuo anche se, paradossalmente, essi non potevano in realtà vedere il limite fra il rosso e il verde". Per rendersi conto di quanto detto, basta coprire l'occhio destro, ed osservate l'immagine con l'occhio sinistro. Ponetevi ad una distanza di circa 30 cm dal foglio e fissate con l'occhio sinistro il quadratino. È importante fissare il quadratino senza muovere l'occhio. Spostando avanti e indietro la testa, dovreste notare che il cerchio nero a sinistra scompare e riappare alternativamente. Questo perché, quando esso

passa attraverso il punto cieco dell'occhio sinistro, il cervello usa l'area circostante (completamente bianca) per riempire il pezzo mancante.

Capitolo IV - Visione periferica e visione centrale

Premessa

Nel pormi il problema dell'isolamento di un oggetto dallo sfondo ho notato ulteriori caratteristiche nel sistema visivo. Per comprenderle ho sviluppato un modello che da ragione delle illusioni ottiche che il cervello produce. Emerge una struttura a strati, che tende a mantenere costante l'informazione proveniente dall'oggetto isolato. Dalla neurofisiologia si coglie l'idea della reiterata convergenza dei nervi ottici su una singola fibra del nervo. Il modello che propongo coltiva quest'idea.

1. Il modello di isoconvergenza. Cenno sulla visione periferica e sulla visione centrale

La dimensione dell'immagine che si forma sulla retina di un oggetto a volte non è collegata alla dimensione con cui viene visto quell'oggetto. Vi sono molte illusioni ottiche che fanno apparire grandi o piccole le cose, indipendentemente dalla loro dimensione sulla retina. Sperimenti lo stesso lettore: ponga su un tavolo due bicchieri identici, uno ad 1 metro dagli occhi e l'altro a 2 metri. Per una elementare legge dell'ottica le immagini dei due bicchieri sulla retina sono una la metà dell'altra ma i due bicchieri appaiono uguali! (Vedi fig. 35). Quanto ho detto ora è vero se io osservo i bicchieri uno dopo l'altro ma se mi pongo in linea con essi e, per esempio, concentro la visione su quello che mi è più prossimo, noto che l'altro, ora sfocato, appare ridotto alla metà, seguendo le leggi

74

dell'ottica geometrica. Tuttavia nel primo caso l'illusione ottica rimane.

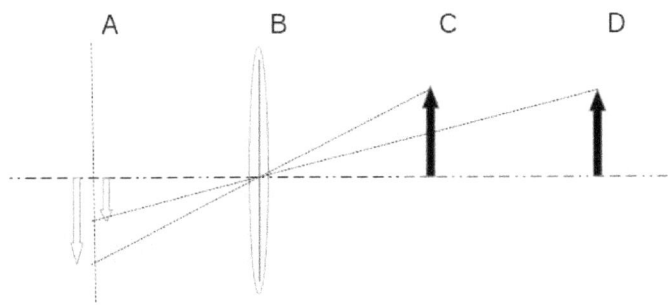

Fig. 35. A: retina; B: cristallino; C,D: bicchieri.

Si sa   che i recettori della retina (coni e bastoncelli) hanno diversa convergenza sulle fibre del nervo ottico. Senza pretese di precisione si può dire che al centro vi è, spesso, anche un solo recettore su una fibra del nervo ottico, andando verso la periferia la convergenza aumenta e i sensori che convergono sulla stessa fibra del nervo ottico sono sempre di più. Si sa inoltre che le figure appaiono sproporzionate nella corteccia visiva e che, la loro parte che cade al centro della retina, occupa una porzione enorme di corteccia mentre, mentre la parte della figura che cade alla periferia della retina, occupa una porzione di corteccia minima. Il modello che propongo tiene conto di quanto detto sopra. Lo chiamerò modello a piani o modello di isoconvergenza, non andrà confuso con il modello a strati, che elabora l'informazione proveniente da un singolo piano del modello a piani in più stati del modello a strati. Considero i nervi che escono dalla retina fig. 36: il cerchio indicato con 0 è il centro della retina, zona di minima convergenza dei recettori sulle fibre del nervo ottico e le corone circolari 1,2,3,.... sono aree di convergenza via via maggiore. Poiché i recettori, coni e bastoncelli, hanno pressoché la stessa area, le fibre del nervo ottico saranno più dense al centro, dove sono soggette a una minore convergenza dei recettori e più rare alla periferia della retina, dove la convergenza è massima.

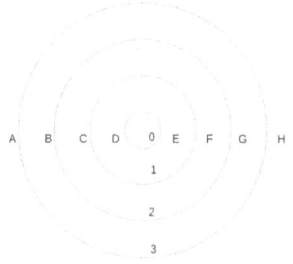

Fig. 36
La macchia cieca non fa parte del modello e la trascuro. In fig. 37 vi è una sezione del modello di retina che propongo. Il piano 0 corrisponde al cerchio 0 e da ogni suo nervo parte è un'uscita di segnale verso il cervello e una verso i piani retinici sottostanti. In questo piano non vi sono altre uscite verso il cervello, solo quelle della zona DE, che è appunto il diametro del cerchio 0, anzi il piano è definito proprio da queste uscite. Ipotizzo dei collegamenti in parallelo fra i nervi del cerchio 0, che riducano il numero dei nervi in modo che questi abbiano la stessa densità dei nervi esistente nella corona 1. Nell'esempio, i nervi del cerchio 0 di fig. 36 (DE di fig. 37) sono uniti a coppie su un singolo nervo. Così facendo questi nervi avranno stessa la densità di quelli che escono dalla corona circolare 1, che provengono da una zona della retina i cui nervi hanno convergenza maggiore. L'insieme di questi nervi formano il piano 1, e ognuno di questi nervi si dirige anche al cervello, oltre che al piano inferiore. Unisco coppie i nervi del piano 1, i nervi così ottenuti hanno la stessa densità di quelli che escono dalla corona circolare 2. Faccio partire dai nervi così accoppiati e da quelli che provengono dalla corona circolare 2 i collegamenti verso il cervello e

76

ottengo il piano2. Ecc... ecc... Senza voler fare un discorso quantitativo, possiamo pensare, con riferimento alla sezione retinica precedente che ogni nervo del cerchio 0 abbia un suo recettore, che ogni nervo della corona circolare 1 abbia 2 recettori che convergono di esso, che ogni nervo della corona circolare 3 abbia 4 recettori che convergono su esso, ecc... ecc... Ulteriori studi permetteranno di definire quantitativamente la convergenza. Per i fini di questo scritto tanto basta.

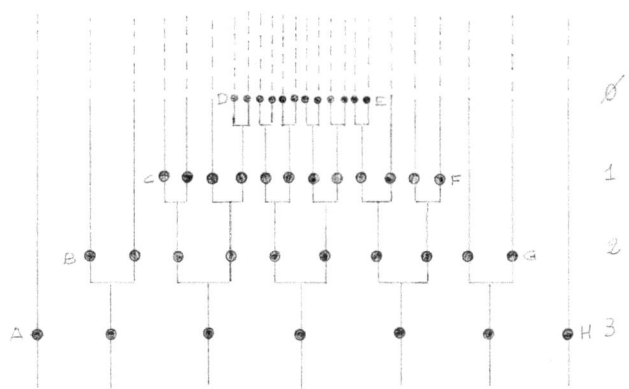

Fig. 37.___ linee orizzontali: collegamenti in parallelo; ----- linee tratteggiate: nervi ottici dalla retina; 0, 1, 2, 3,...: piani in riferimento alle corone circolari di fig. 36; cerchietti neri: uscite del segnale verso il cervello.

In questo ambito ipotizzo che l'informazione su cui si strutturerà l'elaborazione dell'immagine sia presa dai nervi di un singolo piano di isoconvergenza. In fig. 37 ho segnato con dei puntini blu gli attacchi dei nervi che vanno alle aree cerebrali dove verrà ulteriormente elaborata l'immagine. Ogni linea orizzontale di puntini blu definisce un piano. Quando un piano invia al cervello l'informazione che contiene, il funzionamento degli altri piani è inibito. In seguito discuterò come il sistema visivo scelga il piano da cui ricevere l'informazione, per ora do per scontato che ciò sia possibile. Detto questo, suppongo che un'immagine, per esempio, la freccia rossa di fig. 38, occupi il cerchio di diametro CF. Essa cadrà nella corona circolare 1 e nel cerchio 0. La scelta del piano 1 comporta la visione dell'immagine completa della freccia. Quella del piano 0 comporterebbe la sua visione parziale ma, questa parte, sarà vista con maggiore dettaglio perché la densità dei nervi che partono dal piano 0 è superiore a quella dei nervi che partono dal piano 1 e mi pare naturale porre una proporzione fra numero di nervi per unità di superficie e dettaglio dell'immagine. La scelta dei piani 3,4,... comporteranno la visione della freccia con poco dettaglio perché essa interesserà sempre meno nervi per unità di superficie che vanno al cervello. Suppongo allora possibile scegliere il piano 1 (fig. 39) e di inibire il segnale da tutti gli altri piani.

Fig. 38

Suppongo ora di allontanare l'oggetto, nel caso la freccia. La sua immagine coprirà una minore area di retina, diciamo il cerchio di diametro DE (vedi la freccia verde in fig.40). Se si sceglie il piano 0 l'immagine della freccia avrà lo stesso dettaglio di prima, quando era vicina e copriva il piano 1, perché i nervi che escono dai due piani verso il cervello sono nello stesso numero: si confrontino le figg. 39 e 41. Se si ammette che ciò che vediamo è l'informazione che, partendo dagli occhi viene elaborata dal sistema visivo, si deve anche ammettere che due immagini, quella della freccia rossa e quella della

78

freccia verde, pur avendo dimensioni diverse sulla retina, producano la stessa informazione e dunque siano percepite come uguali.

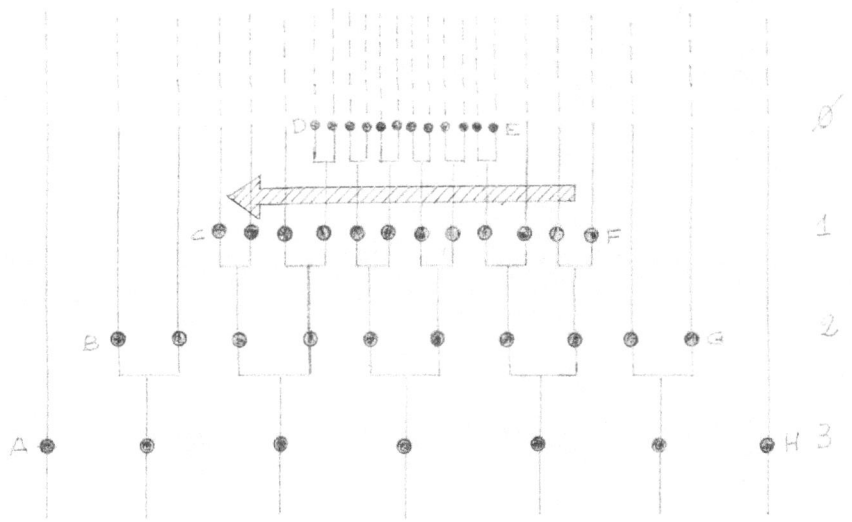

Fig. 39
Così si spiega l'illusione dei due bicchieri, guardati uno per volta: essi vanno ad eccitare due piani diversi del modello e producono la stessa informazione. Si spiega anche perché quando si guarda una scena ampia, che copre molto o tutto il campo visivo, le sue parti centrali non sono viste sproporzionatamente grosse ma esattamente come come quelle periferiche, nonostante la diversa convergenza dei recettori sulle fibre del nervo ottico.
Per rendersi conto di questo basta osservare la freccia in fig. 38, la sua parte centrale sta sul cerchio 0 ma essa è analizzata dal piano 1 del modello, che riduce la convergenza del cerchio 0 al livello della corona circolare 1. Mantenendo lo schema si possono studiare varie leggi di convergenza, diverse da quella che ho or ora illustrato ed anche come far variare la convergenza con continuità. Rimane da

79

spiegare in modo fisiologicamente plausibile e concettualmente meccanizzabile come possa scegliersi un piano rispetto agli altri. La scelta del cerchio sulla retina determina la scelta del piano di isoconvergenza.

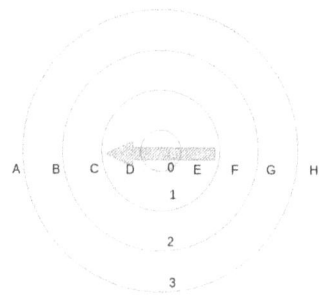

Fig.40

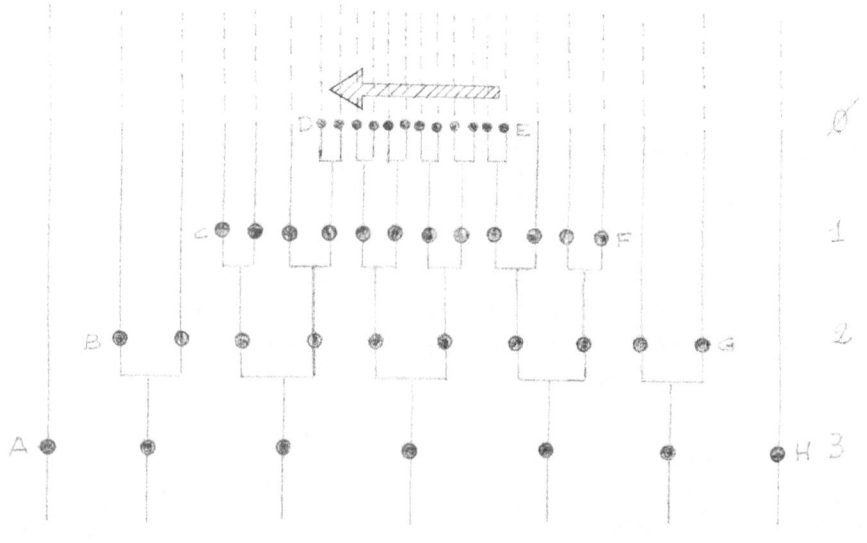

Fig. 41
Per quello che riguarda il cerchio, la scelta deriva del gradiente di

luminosità o da quello dei colori complementari che definiscono, anche se malamente i contorni della figura. Inoltre anche e soprattutto il movimento della figura eccita le cellule Y sul suo bordo, staccandola dallo sfondo. Quando un l'immagine con queste caratteristiche cade in un area qualunque della retina è concettualmente possibile individuarla e concepire un processo per portarla automaticamente nel centro della retina. Ho sempre pensato che l'isolamento dell'oggetto nel cerchio di convergenza adatto, sia prodotto nella maggior parte dei casi, dal movimento relativo dell'oggetto sullo sfondo. Un animale, ben mimetizzato su uno sfondo quando è invisibile quando è immobile ma appare appena si muove, purché animale e sfondo non siano di colore uniforme. Si può attirare l'attenzione dei bambini piccoli muovendo gli oggetti nel loro campo visivo. Sono le cellule Y che si attivano in questo caso e io penso che siano loro principali le responsabili dell'isolamento dell'oggetto. Oppure si può mettere un oggetto colorato su uno sfondo uniforme di diverso colore, come potrebbe essere una cartaccia su un bel prato e guardandolo, l'attenzione viene subito attratta. Qui la cartaccia appare in moto rispetto a uno sfondo uniforme che appare fisso e la cartaccia produce l'attivazione delle cellule Y sui suoi contorni. Non ho potuto svolgere esperimenti in tal senso perché con le mie attrezzature non colgo i movimenti. Tuttavia ritengo che l'occhio sia normalmente in stato di visione periferica, che interessa tutta la retina e quindi il piano più basso del modello; i fatti sopra descritti permettono di isolare l'oggetto in visione centrale. Un forte gradiente e il movimento non sono gli unici elementi che permettono di isolare la figura. Un oggetto può essere cercato nell'ambiente, anche in tal caso, che discuterò in seguito, è concettualmente possibile portare l'immagine sulla retina al centro di essa ed analizzarla adeguatamente. La scelta del piano è conseguente: l'immagine, che va intesa come i suoi contorni eccitati e si colloca nel più piccolo cerchio di convergenza che la contiene tutta.

In fig. 42 si mostra come verrebbe vista la freccia, senza l'ipotesi della scelta del piano di isoconvergenza, dovuta alla collocazione dell'immagine nel cerchio minimo che la contiene: scendendo di piano in piano essa risulterebbe sempre più piccola.

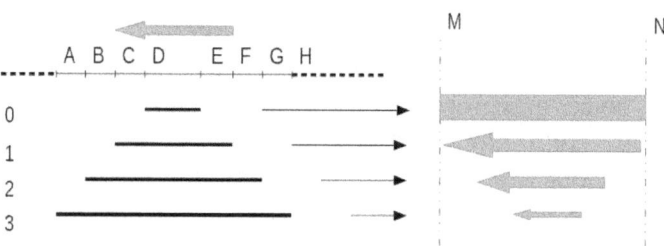

Fig.42. A, B, C,...: retina e cerchi di isoconvergenza; 0, 1, 2, 3 : piani; MN: campo visivo.

2.Dimensioni degli oggetti. Oggetti vicini e oggetti lontani

Osservando, con un solo occhio, in una scena, un oggetto vicino, come potrebbe essere un bicchiere, esso viene messo fuoco e si determina una sottile zona ad una certa distanza dall'occhio, più precisamente la parte di una superficie sferica, centrata sull'occhio, in cui gli oggetti sono a fuoco e il resto, fuori da questa distanza, è sfocato. Si è già detto che la sfocatura attenua il gradiente sui contorni delle figure. La stretta superficie sferica a fuoco può allontanarsi dall'occhio o avvicinarsi a seconda di come la curvatura del cristallino viene variata dal muscolo che esso ha intorno e perché con questa operazione si varia la sua distanza focale. In fisica questo ragionamento trova riscontro nella formula detta dell'ottico, combinata con quella dei punti coniugati. Un'ulteriore strategia che il

82

sistema visivo usa per isolare l'oggetto dallo sfondo è la visione binoculare: basta considerare la diversa convergenza con cui gli occhi mirano un punto vicino o lontano. Entrambe le strategie, quelle della distanza focale e quella della visione binoculare permettono anche di misurare la distanza fra l'occhio e l'oggetto.

Questa premessa è necessaria per superare un'apparente difficoltà del modello a piani: se il sistema visivo porta ogni oggetto nel cerchio minimo di convergenza e se a questo cerchio si fa corrispondere il suo piano, ogni oggetto dovrebbe apparire con le stesse dimensioni. Come potremmo classificare gli oggetti grandi, piccoli, uguali fra loro, uno maggiore dell'altro,... ?

Con la messa a fuoco e anche con la visione binoculare il cervello sa la distanza fra occhio e oggetto e infatti regola la distanza focale del cristallino. Riferendoci all'esempio dei bicchieri, se prima guardo il bicchiere vicino e poi quello lontano, l'area di retina che occupano è diversa, poiché il cervello agisce in modo da isolare l'immagine del bicchiere portandola nel cerchio e nel piano più piccolo che la contiene e il bicchiere apparirà sempre delle stesse dimensioni. Tuttavia nel cervello vi sono due informazioni: 1) che si è cambiato piano e 2) che si è raddoppiata la distanza. Se al posto del bicchiere lontano fosse stata messa una bottiglia, ovviamente più grande del bicchiere, il piano contenente la bottiglia sarebbe più basso rispetto a quello del bicchiere. La bottiglia e il bicchiere apparirebbero nella percezione come occupanti tutto il campo visivo ma, ad un confronto cerebrale la bottiglia risulterà maggiore del bicchiere, perché il confronto è fra i piani e la distanza. Inversamente se al posto del bicchiere lontano metto una piccola noce, anch'essa occuperebbe tutto il campo visivo ma in un piano più prossimo allo 0. Le due informazioni cerchio minimo occupato e distanza dell'oggetto permettono al cervello di confrontare gli oggetti. Altro esempio. Se il bicchiere, lontano 2 volte rispetto all'occhio a quello vicino, fosse il doppio di quello vicino, le loro immagini sulla retina sarebbero uguali e il piano di isoconvergenza sarebbe uguale ma l'accomodamento della distanza focale permetterebbe al cervello di capire quale sia il bicchiere più grosso. Sono due i criteri che ha il cervello per stabilire le dimensioni dell'oggetto: la sua distanza dall'occhio e il cerchio che determina il piano visivo di isoconvergenza che lo contiene.

Quanto dico è supportato dalle leggi dell'Ottica geometrica, quindi meccanizzabile. Tuttavia ci sono dei limiti, alcuni di puro buon senso: se un oggetto enorme è davanti all'occhio copre tutto il campo visivo e non c'è regolazione che tenga, inversamente se un oggetto ha un'immagine sulla retina minore del cerchio di massima convergenza, sia perché lontano o anche perché vicino ma piccolo esso non potrà essere ampliato ulteriormente.

La prova che il cervello per confrontare le dimensioni degli oggetti si riferisca (anche) alla distanza emerge dalle considerazioni che seguono. Fin qui ho pensato ad oggetti vicini, diciamo una decina, una ventina di metri di metri dall'occhio, per gli oggetti più lontani la messa a fuoco è invece inutile in quanto la loro immagine rimane sempre a fuoco sulla retina. In fisica anche questa affermazione si spiega con la formula dei punti coniugati, perché anche variando molto la distanza di un oggetto lontano dal cristallino la distanza della sua immagine da questo varia di pochissimo e quindi resta sempre a fuoco sulla retina. Non aiuta neanche la visione binoculare perché guardando un oggetto lontano gli occhi restano sostanzialmente paralleli. Considerazioni qualitative potranno migliorare la trattazione, resta che, per gli oggetti lontani, in un sistema approssimato come quello biologico, l'informazione della distanza è perduta. Così, da casa mia, il piccolo monte, che a dispetto delle sue relativamente modeste dimensioni, si chiama Gran Turou (leggi alla francese), che è alto 1355 m e lontano tre o quattro chilometri, appare più grande del maestoso Monviso 3841 m, lontano qualche decina chilometri. La legge della costanza della forma non vale più per i monti, come invece vale per i bicchieri, per le nostre mani,... perché non vi è più l'informazione della distanza. Risulta quindi impossibile confrontare "ad occhio" due oggetti lontani, uno più lontano e l'altro meno e capire quale sia la loro grandezza. Si arriva a misurare i monti, il Sole e la Luna ma con la geometria. Molti antichi erano persuasi che il Sole e la Luna avessero le dimensioni con cui vediamo questi astri. A un bambino si deve spiegare quanto grande sia una stella, altrimenti la paragonerà a una lucciola mentre non si confonderà su quale animale sia più grande fra una mucca e un gatto.

Sotteso a tutti questi ragionamenti vi è la considerazione che il confronto sia un fatto cerebrale fra due percezioni perché la singola percezione porta ogni oggetto ad essere visto con le stesse dimensioni. Il cervello combinando l'informazione del piano e della distanza dell'oggetto trae le conclusioni sulle loro dimensioni. Queste considerazioni derivano alcune illusioni ottiche e sono in accordo con l'idea della convergenza dei nervi nel sistema visivo.

3. Confronto fra figure e illusioni ottiche

Al fine del confronto, il cervello tiene anche conto dell'informazione sulla distanza. Ovviamente, se le figure sono disegnate su un foglio e inizierò a considerare questo caso, esse sono alla stessa distanza dall'occhio, quindi non si deve considerare questo fattore. Tutte le figure vengono portate ad occupare l'intero campo visivo attraverso il loro ingrandimento o il loro rimpicciolimento e in questo caso non è un fenomeno di ottica geometrica, infatti le figure hanno dimensioni diverse sulla retina, ma è l'osservare la figura attraverso nervi ottici aventi una minore o con una maggiore convergenza. Al fine di effettuare il confronto fra le figure, che appaiono tutte uguali, perché portate ad occupare l'intero campo visivo, occorre invertire la legge di convergenza e rimpicciolire quanto è stato artatamente ingrandito. In merito, ho elaborato un modello ipotetico che vuole spiegare questo operare cerebrale. Una prima approssimazione di questo è in fig. 43 dove, invece di usare l'aritmetica, mi parso più chiaro mostrare il mio ragionamento con la geometria. Dati due segmenti AB e CD, uno doppio dell'altro, ammesso (per ora, in prima approssimazione!) che interessino due cerchi retinici aventi diametro uno doppio dell'altro, ogni segmento apparirà uguale, occupando l'intero campo visivo, rappresentato dall'area compresa fra le due linee parallele tratteggiate in fig. 43 c). AB, il segmento minore, andrà collocato in un piano alto e CD, il maggiore, in un piano più basso basso. In fig. 43 c) il campo visivo ha la larghezza di CD, il diametro maggiore e quindi AB diametro minore è stato raddoppiato. Nella costruzione AB è a distanza doppia da O rispetto a CD, questo fa si che su una linea qualunque, PP', le proporzioni dei due segmenti reali si conservino. Nella costruzione le distanze da O sono inversamente proporzionali all'ampiezza del cerchio visivo. Il modello in fig. 43 è però una prima approssimazione in quanto l'ampiezza del campo visivo e le dimensioni della figura coincidono. Non è mai così; infatti la figura viene isolata e portata in scala in una zona fra occhio e cervello prima che si sia formato un preciso contorno, che oltretutto è fatto di memorizzazione non di percezione. In quella zona cerebrale il contorno della figura è spesso, è un primo risultato dell'inibizione laterale, grosso modo come in fig. 12 a). Non saprei precisare la zona del cervello in cui il processo si realizza perché esso è reiterato in più zone. Comunque l'isolamento della figura dallo sfondo precede la formazione dei contorni, è soprattutto dovuta al movimento; infatti nella visione dei bambini di pochi mesi, le figure non hanno i contorni completamente formati ma essi sanno collocare le figure nello spazio. Alcuni studi di neurofisiologia asseriscono che l'anisotropia dello spandersi dell'inibizione, che si realizzerebbe, partendo da un punto in una figura ellittica, con il semiasse maggiore orizzontale. Non ho idea sull'eccentricità di quest'ellisse e non riesco più a trovare l'articolo di trent'anni fa che riferiva la scoperta.

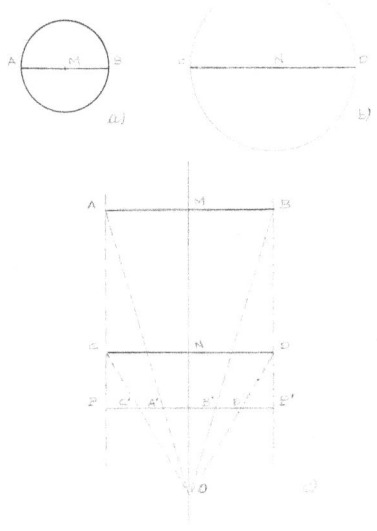

Fig. 43
In secondo luogo l'inibizione, ovunque si realizzi, avviene oltre la retina, dove la convergenza dei recettori sulla stessa fibra del nervo ottico è già compiuta. In riferimento alla fig. 44, detta, per semplicità, I questa zona e R la retina, un'areola inibita di I che interessi i nervi che arrivano dal centro di R si proietterà come una piccola area su R. Invece la stessa areola di inibita di I ma che interessi nervi alla periferia di R, si proietterà come una grande zona in R. Questo è una conseguenza della diversa convergenza dei recettori sui nervi ottici. Quindi un'areola inibita interesserà aree retiniche diverse, minori al centro maggiori alla periferia della retina. Di conseguenza le figure che occupano maggiore area retinica o perché più vicine all'occhio o

perché fisicamente più grosse avranno intorno la proiezione di un alone di inibizione maggiore di quelle più piccole. Infatti non c'è motivo di pensare a una differenza dello spessore dei contorni in I, il fenomeno è lo stesso.

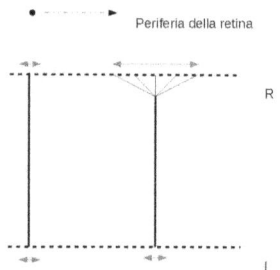

Fig. 44
Queste osservazioni permetto di migliorare il modello in fig. 43 e discutere alcune illusioni ottiche. Una è quella in fig. 45, nella quale i due cerchi tratteggiati sono uguali ma quello a destra appare minore. In essa il cerchi comprendono i segmenti verticali nelle Figg. 45 a) e b) e, per quanto detto prima la distanza BK<DK'. Nella costruzione fig. 45 c) ON è proporzionale al raggio MK di fig. 45 A) mentre OM è proporzionale al raggio NK' di fig. 44 B). CD occupa tutto il campo visivo definito dalle parallele tratto e punto di fig. 45 c) e HG è il diametro del suo cerchio interno; AB occupa pure tutto il campo visivo, essendo ingrandito proporzionalmente e EF è il cerchio pure proporzionalmente ingrandito. Proiettando i due cerchi sul segmento PP' si comprende come i due cerchi non siano percepiti uguali, ma quello della fig. 45 a) appaia maggiore. In fig. 45 distinguo fra cerchi di convergenza e campo visivo, distinzione che non c'era in fig. 43. I diametri dei cerchi di convergenza MK e NK' determinano i segmenti OM e ON, che sono inversamente proporzionali a loro. Le distanze AB e CD sono portate a occupare tutto il piano visivo, e non la parte che occupano nel cerchio di convergenza. In tal modo si genera la sproporzione, anche se essa è insita nell'uguale altezza dei

segmenti laterali ai due cerchi tratteggiati. Un riassunto di quanto detto finora é mostrato in fig. 45. Il rettangolo tratteggiato è la figura che si proietta sulla retina. Penso che intorno ad ogni suo punto del contorno si espanda un campo ellittico di inibizione, questi campi si assommano e sotto vaste ipotesi sulla loro somma, dovrebbero dar luogo a un rettangolo, con gli angoli smussati intorno al rettangolo, intorno al rettangolo, come in fig. 45 a). Tale rettangolo di inibizione ha i lati orizzontali che si allontano di meno dalla figura proiettata sulla retina che non i lati verticali, perché il campo inibitorio è formato da ellissi. Sostanzialmente è la distanza AB quella che determina il raggio del cerchio di convergenza. Inoltre, se essa è somma di tanti campi generati dai punti del lato è ragionevole pensare che la lunghezza di AB sia dipendente dalla lunghezza di tale lato.

Se il lato è lungo o molto lungo, sotto ragionevoli ipotesi cambia poco perché gli effetti trasversali della somma non possono essere notevoli ma se il lato è corto la somma non si può realizzare dunque anche AB deve essere corto, come in fig. 45 b). Che la scelta del cerchio retinico sia dovuta all'inibizione laterale appare evidente dall'illusione in fig. 47 dove   AB appare maggiore dell'identica distanza CD. I campi inibitori di cui abbiamo già discusso si espandono dai segmenti di fig. 47 a) e si sommano, soprattutto, in orizzontale generando un campo inibitorio che si estende per una larghezza HK, più largo di quello H'K' generato dal singolo segmento in fig. 47 b. I cerchi che contengono le due figure avranno dimensioni diverse, sproporzionate alle dimensioni delle due figure che verranno viste avere dimensioni differenti. Quanto detto intorno alla fig. 44 trova conferma nella fig. 48, l'illusione di Delboeuf in cui il cerchio maggiore, di diametro AB, della fig. 48 b) appare più piccolo di quello minore CD della fig. 48 a), mentre i due cerchi sono uguali. Intorno alle due corone circolare a) e b) si formano due ellissi come in fig. 48 c). L'ellisse intorno alla corona circolare maggiore avrà l'asse orizzontale sproporzionatamente più lungo dell'ellisse che si forma intorno alla corona circolare minore. Questo perché la corona circolare maggiore cade in un'area retinica più periferica di quella minore. I due circoli di convergenza avranno raggi sproporzionati, che rifletteranno nelle distanze OM e ON di fig. 49 e nel modello geometrico è chiaro perché la fig. 48 a) risulti maggiore della fig. 48 b).

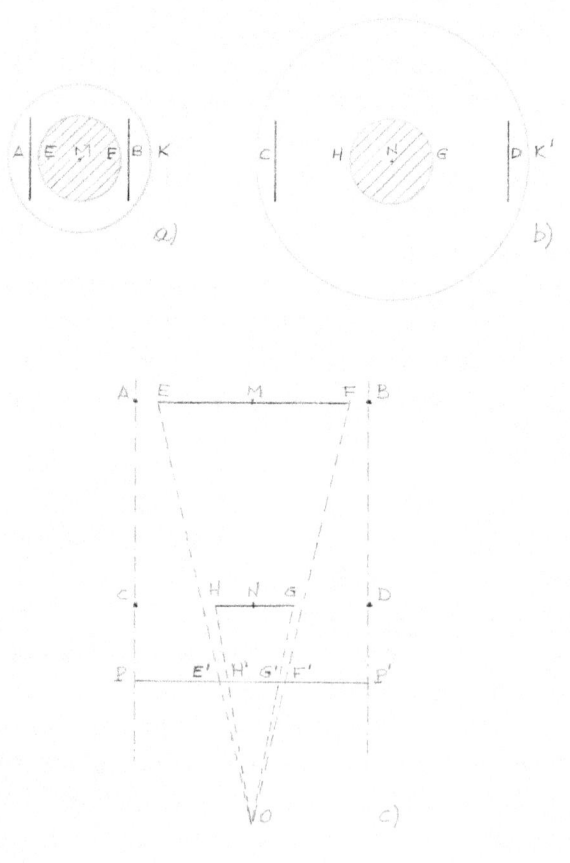

Fig. 45

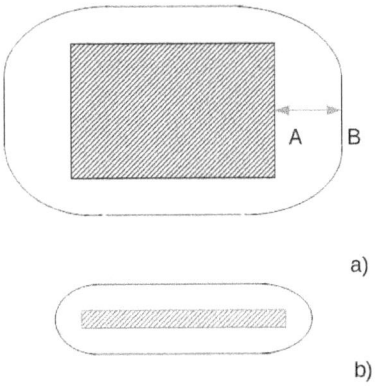

a)

b)

Fig. 46

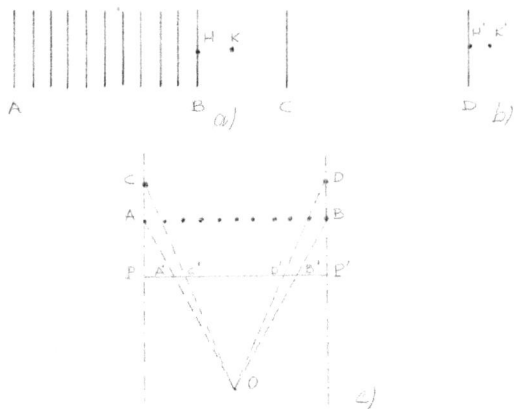

Fig. 47

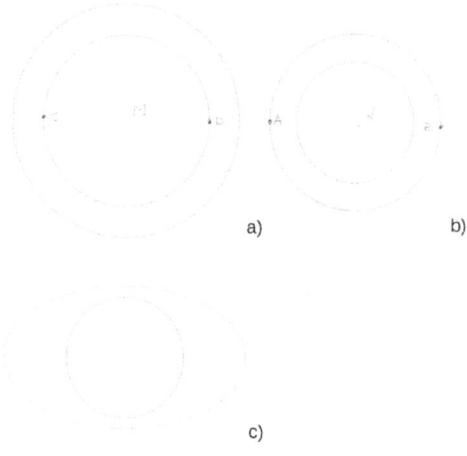

a) b)

c)

Fig. 48

Fig. 49
Allo stesso identico modo si spiega l'illusione di Mueller-Lyer in fig. 50. Anche in essa AB appare minore di CD, perché il cerchio retinico che circonda la figura in basso, più grande, è sproporzionatamente maggiore del cerchio che circonda quella in alto.

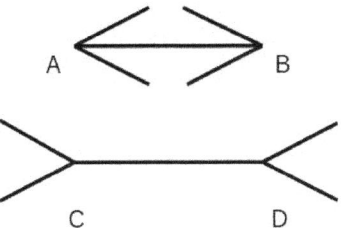

A   B

C   D

Fig. 50

Capitolo V – Il riconoscimento topologico delle forme.

Premessa.

Un metodo classico per riconoscere le forme è avvalersi di certe loro particolarità come l'avere i punti in certe posizioni, avere dei contorni retti in certe posizioni del perimetro, presentare dei fori in certe zone, avere un certo rapporto area perimetro,… ognuna di queste caratteristiche viene vista come una dimensione di uno spazio e una specifica forma, definita dal valore delle caratteristiche, viene vista come un vettore in questo spazio. Poi si può dire che due forme appartengono alla stessa classe se i vettori che formano non differiscono oltre una certa misura. Avevo diciannove anni e ritenevo questo approccio debole perché sfociava in un ciarpame di complesse formulazioni matematiche invece di porre attenzione su quali fossero le caratteristiche che potessero descrivere le forme. Quelle che vedevo usare erano "ad hoc", funzionavano per una classe di oggetti ma non in generale. Ne parlai con dei professori ma mi dissero che mi ponevo un problema inessenziale. Erano innamorati della matematica, non vedevano il vuoto che c'era sotto. Secondo me, invece, volendo riconoscere tutte le forme occorreva capire quali fossero le caratteristiche che avrebbero permesso di raggiungere lo scopo.

Non amo ragionare sul particolare e pur non essendo ricco, non ero né sono pressato da motivi economici a dover costruire e vendere macchinari utili per specifiche applicazioni industriali; partii alla lontana, potevo farlo, allora avevo molto, molto tempo davanti. Anche tempo per discutere di politica e di religione e tempo per passeggiare lungo il Po, nelle Langhe, in pomeriggi e sere che sembravano non finire. Tempo per gli amori. Tempo per guardare il

94

cielo e le stelle, coperti in parte dalla figura della cappella di Santa Anastasia, sentire il profumo del prato e il cane che abbaiava lontano. Nudi, bella nella tua gioventù, contenti di quello che potevamo darci. Le stesse sensazioni, nello stesso posto, non le abbiamo più avute quindici anni dopo. Soli e infelici, scioccamente ci avevamo riprovato. Io sorrisi nel constatare quanto meno fossi inibita. I confronti li avrai fatti anche tu.

Non funzionò.

Fu l'ultima volta.

Tuttavia tutto ciò non mi distrasse mai dai miei studi sul cervello, tanto meno lo fecero i miei studi ufficiali di fisica, a cui dedicai sforzi marginali. Filosofai tanto, per avere un quadro di riferimento che mi guidasse e non mi lasciasse precipitare nella miserabile ricerca di un risultato immediato. Conclusi, come ho scritto, che non possiamo conoscere il mondo esterno al cervello ma il cervello deve poter realizzare la previsione. Com'è possibile progettare dei sensi che colleghino mondo e cervello se non si sa nulla sul mondo che i sensi vorrebbero esplorare? Non c'è possibilità di un ragionamento, infatti la natura ha provveduto con la selezione naturale a formare i sensi (e il cervello) adatti allo scopo ed essi riescono a realizzare questa previsione (con buona probabilità). Nell'uomo il senso principale è quello della vista e la previsione parte dal riconoscimento delle forme, che, a mio avviso, conformemente al Piaget, avviene dapprima in modo topologico e poi è affinato in modo sintattico. Sempre a mio avviso, il primo modo è anche proprio degli animali superiori. Il termine topologia, che uso perché lo ha usato il Piaget, non va inteso nel senso esteso che oggi esso ha assunto nella matematica ma piuttosto nel suo significato intuitivo e primigenio di "geometria del foglio di gomma" o geometria del continuo. Anzi, anche questa accezione va limitata: il cervello deve riconoscere appartenenti alla stessa classe quelle figure che un bambino con meno di tre anni dice che si assomigliano. Nei paragrafi seguenti tenterò di meccanizzare quest'idea della somiglianza. Per chi non sia esperto del trattamento di immagini sul computer dirò che i dispositivi per studiare le forme si realizzano collegando una telecamera a un computer che, limitatamente alla visione in bianco e nero, trasforma l'immagine in una schermata di tanti quadratini adiacenti e ordinati, ognuno dei quali ha una tonalità di grigio. Parallelamente si parla di una matrice (di una tavola) di pixels (quadratini) ognuno dei quali ha una posizione, definita dalle sue coordinate e un valore, livello di grigio. Lo stesso oggetto ruotato, traslato o allontanato dalla telecamera, produce immagini differenti e parallelamente matrici di pixels differenti. Come fa il computer riconoscere che l'oggetto è lo stesso se le matrici di pixels sono diverse? Finché si tratta di rotazioni, traslazioni o rimpicciolenti (purché in scala) non è difficile far capire al computer che si tratta dello stesso oggetto, queste trasformazioni sono dette lineari e sono note in matematica, basta applicarle nei programmi ma se due oggetti sono lievemente differenti, come due lettere alfabetiche di foggia tipografica diversa, non c'è un modo generale ma una serie di artifici ad hoc che funzionano per una modesta classe di forme, come potrebbe essere quella delle lettere dell'alfabeto latino, ma gli stessi artifici non funzioneranno più per l'alfabeto arabo. Questo è problema che perseguita la visione artificiale dagli ultimi anni Quaranta. Riflettendo su quest'argomento, verso i miei ventotto anni, mi venne in mente un'idea, che tuttora pongo alla base del mio sistema di riconoscimento delle forme. Ragionai su una freccia come in fig. 51 una sua rotazione, una sua traslazione o rimpicciolimento in scala non avrebbe influito sui suoi angoli, quindi se avessi usato questi per descrivere la figura, avrei risparmiato i pesanti calcoli necessari per seguirla nelle trasformazioni lineari. Già non era poco, inoltre poiché l'idea era valida per le trasformazioni lineari, perché non tentare di porla, con opportuni perfezionamenti, alla base di un riconoscimento generale delle forme? Cercai conforto a queste mie intuizioni nella letteratura e trovai che anche Attneave riteneva gli angoli essenziali per il riconoscimento delle forme, celebre è il "gatto di Attneave"in fig. 52, che è inequivocabilmente un gatto e tutta l'informazione su esso deriva dagli angoli. Poi trovai i lavori dei neurofisiologi Hubel e Wiesel e capii di essere sulla buona strada.

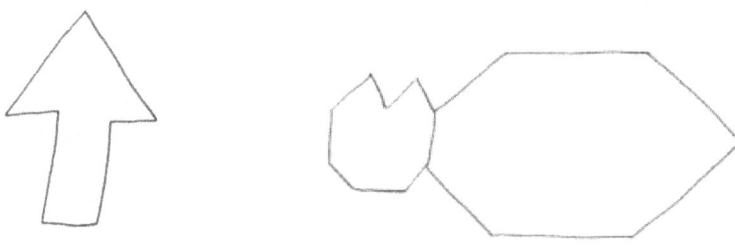

Fig. 51   Fig. 52

Notai che gli angoli di una freccia disegnata su un foglio di gomma, tirato inopinatamente, cambiano il loro valore e se si eccede insieme al cambio del valore degli angoli, la figura disegnata perde la forma di freccia, nel senso che un bambino non la riconoscerebbe più come tale. I limiti alle deformazioni della figura, affinché ne generi un'altra somigliante, sono limiti alla variazione dei suoi angoli. Ciò non contrasta con il funzionamento cerebrale perché Hubel e Wiesel scoprirono che le cellule che rispondevano a barre luminose di determinata inclinazione, continuavano a farlo fino a che l'inclinazione della barra variava entro i 10 – 15 gradi, oltre questa approssimazione erano altre cellule a rispondere. Inoltre le cellule che rispondevano ad una barra continuavano a rispondere se la barra veniva spostata entro una certa limitata area. Applicai queste idee sul computer, grosso modo posso dire che dopo aver estratto il contorno (il perimetro) della figura, misuravo i suoi angoli nella successione in cui si trovavano sul perimetro e quindi li confrontavo con altre analoghe successioni, ricavate da figure precedenti, memorizzate entro tabelle, fino a trovare, se esisteva, quella corrispondente, ovvero quella che aveva gli angoli entro le dette approssimazioni, uguali alla presente. Immediatamente compresi che in due figure, che il bambino giudicava somigliantesi, vi erano dei particolari diversi e che a causa di questo, le loro successioni di angoli erano diverse e che il computer non sarebbe riuscito a riconoscere le parti uguali e a stabilire che le due forme appartenevano alla stessa classe. Si trattava di eliminare questi particolari poco importanti ed arrivare alla "forma essenziale" cioè una successione di angoli e posizioni identica per tutte le figure somigliantesi. Diversamente da quanto può apparire l'espressione "forma essenziale" non appartiene alla vuota retorica, sarà definita operativamente. Per questo costruii un "modello a strati", strato dopo strato la figura perdeva i particolari di poco conto e si avvicinava alla forma essenziale. Nei primi anni Ottanta utilizzai e mi si permetta, inventai, un metodo di rappresentazione di tipo gerarchico dell'informazione, ora (anno 2019) molto di moda, che va sotto il nome di "deep learning". Sorsero due problemi: 1) come far si che il computer discernesse i particolari poco importanti della forma ed 2) entro la rappresentazione gerarchica dell'informazione, sempre più astratta strato dopo strato, come poteva il computer scegliere la "forma essenziale". Per il primo problema fu naturale ricorrere agli angoli. Mi accorsi che si poteva definire la potenza di un angolo e che questa era anche la misura dell'importanza del particolare della figura. Nel modello a strati venivano via via eliminati gli angoli meno potenti della figura, ovvero particolari poco importanti. La figura si schematizzava fino a raggiungere la sua "forma essenziale" e oltre, perché poi il processo continuava ed essa raggiungeva, se la figura di partenza era chiusa, qualunque forma iniziale essa avesse, la forma di un triangolo, la più generale delle figure chiuse. Circa il secondo problema la scelta dello strato da considerare come contenete la forma essenziale poteva avvenire solo attraverso l'insegnamento o l'esperienza della macchina e come si vedrà in seguito, si può meccanizzare.

Dagli anni Quaranta del secolo scorso si discute molto di reti neuronali, di percetron, che non erano molto diversi dalle prime ma più volti al riconoscimento delle forme. In tutti questi dispositivi erano previsti dei collegamenti fra "neuroni" che venivano premiati o depressi in base all'insegnamento. L'approccio diede risultati insoddisfacenti e per decenni l'argomento fu accantonato, per essere ripreso da una ventina di anni a questa parte, pressoché negli stessi termini ma avvalendosi di calcolatori molto più potenti. Io penso che l'idea alla base del percetron sia giusta ma incompleta: il problema è il solito, la mancata definizione delle caratteristiche. Per il riconoscimento delle forme, le caratteristiche, almeno le principali, a mio avviso, sono gli angoli e per definire la forma essenziale ho applicato le idee della rete neuronale premiando le caratteristiche uguali in ogni classe di forme. Le reti neuronali (o neurali o neuroniche) funzionano bene con le caratteristiche proprie di una la classe di immagini, con gli angoli dovrebbero funzionare per ogni immagine. Lo scopo, la speranza è di realizzare un sistema di riconoscimento "general purpose", come si diceva un tempo e "human like". Non dico che gli angoli siano l'unica caratteristica che permetta di realizzare il riconoscimento delle forme ma a mio avviso è quella basilare. Altre caratteristiche come i colori, le dimensioni,... possono essere utili al riconoscimento ma in subordine agli angoli e questo limitatamente al senso della vista perché nell'uomo sono in subordine anche gli odori, i sapori,.... che vengono da altri sensi.

1. La potenza degli angoli.

Nel gatto vi sono delle cellule nella corteccia visiva che rispondono a delle barre variamente inclinate poste nella visuale del gatto. Variando di una decina di gradi l'inclinazione della barra varia la cellula che risponde. Si può certo dire che tali cellule sono sensibili agli angoli ma non agli angoli a cui siamo abituati, nel loro significato geometrico, che hanno due lati e un vertice. Comunque fra le barre angolate e gli angoli esiste un legame; infatti se si considera la fig. 53 si conviene che intorno al suo perimetro vi è una striscia fortemente eccitata all'esterno e sempre adiacente al perimetro, ma all'interno, vi è una striscia fortemente inibita. Questo per il fenomeno dell'inibizione laterale.

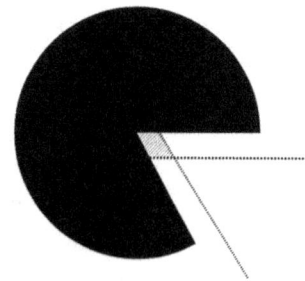

Fig. 53
Intorno al vertice della rientranza, all'esterno della figura le due strisce eccitate si sommano dando luogo ad un massimo di eccitazione, il poligono che in figura è tratteggiato. Anche senza entrare nel merito della funzione somma delle eccitazioni si può dire che 1) essa è tanto maggiore quanto più l'angolo è acuto e 2) che essa sussiste solo se entrambi i lati sono sufficientemente lunghi. Se si pensa a un angolo acuto con un lato lungo e l'altro lato molto corto, la striscia eccitata sul lato lungo è anch'essa lunga ma, quella sul lato corto è corta e la somma delle due strisce eccitate che avviene vicino al vertice dell'angolo, è lunga solo quanto il lato più corto. Dunque l'eccitazione sul vertice di un angolo con (almeno) un lato corto è modesta. Modesta è anche la somma delle eccitazioni delle due strisce sui lati di un angolo ottuso. Esse si divaricano e si sommano

100

solo molto vicino al vertice. Queste considerazioni permettono di definire e misurare la potenza di un angolo come il valore dell'eccitazione intorno al suo vertice. Siccome la potenza degli angoli è associata all'importanza dei particolari della figura si ha il criterio per stabilire quali siano i particolari più o meno importanti. In effetti un angolo ottuso incurva poco una retta, un angolo acuto con uno o due lati corti genera una rientranza o una sporgenza modesta. Non così un angolo acuto con i lati lunghi, questo è un particolare della figura che rientra o sporge tanto.

2. Il modello a strati

In questo paragrafo descrivo come ho realizzato le idee espresse nei paragrafi precedenti. Comincio con il notare che i giocattoli del bambino piccolo sono fortemente colorati e spesso anche in movimento onde egli possa ricavare i contorni, soprattutto quelli esterni, che gli permettono di isolare l'oggetto dallo sfondo. Questi contorni sono, date le premesse, chiusi, continui e così li penserò ora. Non che ciò sia indispensabile, né nel cervello né nel mio apparato che lo simula, tuttavia facilita l'apprendimento. I contorni li ottengo con il metodo spiegato in precedenza e avutoli, inscrivo in essi una poligonale dai lati molto corti, che approssimi il perimetro. Quindi passo a valutare la potenza degli angoli di questa poligonale, con un metodo che quantifica le proposizioni del paragrafo precedente. Nei due casi in fig. 54 a) e in fig. 54 b) si ha a che fare con angoli poco potenti che vengono eliminati e sostituiti da una retta. L'angolo B, in fig. 54 a) che è quasi piatto, ovvero ottusissimo, viene eliminato e sostituito dal segmento tratteggiato AC. Nel caso in fig. 54 b) gli angoli B e C sono poco potenti perché hanno un lato corto. Entrambi vengono eliminati e la spezzata ABCD viene sostituita dal segmento tratteggiato AD. Si comprende che la spezzata avrà lati sempre più lunghi e diseguali. Il procedimento viene reiterato fino a quando la figura, se chiusa, diventa un triangolo.

Fig. 54 a   Fig. 54 b

Il valore di soglia della potenza degli angoli delle spezzate aumenta progressivamente e ad ogni aumento i valori tipici della spezzata sono registrati in tabelle, che costituiscono una matrice. Ho chiamato "modello a strati" l'insieme di queste matrici di tabelle che contengono l'informazione del contorno della figura, che viene progressivamente generalizzata. L'informazione contenuta negli strati è gerarchizzata. Ho chiamato contrazione l'operazione con cui eliminavo gli angoli, contratte le spezzate così ottenute e anche le tabelle numeriche ad esse equivalenti. Infine ho chiamato configurazione l'insieme delle contratte. In fig. 55 sono mostrate quattro forme, lettere R maiuscole dell'alfabeto latino. Potrebbero essere altre forme e il discorso non cambierebbe.

Fig. 55

Nelle figg. 56 è mostrato il risultato del procedimento, applicato alla forma in basso a sinistra di fig. 55. Esso segue l'ordine alfabetico dalla lettera a) dove vi è la forma originale, alla lettera o), dove vi è il triangolo a cui si riducono tutte le forme chiuse. Come si vede la forma, contrazione dopo contrazione perde sempre più particolari, ovvero acquista più generalità fino a diventare un triangolo. In particolare sono interessanti le figg. 56 h), 56 i) e 56 l) perché rappresentano la forma essenziale della "R" e sono comuni a tutte le "R" che un bambino piccolo direbbe somigliantesi. Da tutte le "R" somigliantesi appare la figura 56, con 6 angoli, due concavi e tre convessi e 6 lati. I valori degli angoli e le misure dei lati non sono uguali, variano a seconda la foggia della "R" iniziale ma il computer deve riconoscerle come uguali, pur in queste approssimazioni. Questo sarà l'argomento del prossimo paragrafo, per ora mi viene spontaneo far notare che le successive contratte sono caratterizzate da spezzate con i lati sempre più lunghi e angoli sempre più accentuati. Il metodo delle contrazioni può essere visto come l'opposto del metodo dello "smoothing". Per completezza includo i risultati del trattamento delle altre tre forme in fig. 55. Le forme

103

essenziali sono segnate con un puntino bianco. Anche la fig. 57 ha la sua forma essenziale, infatti ha 6 angoli, segnati con il cerchietto. Vorrei però precisare che la forma essenziale identica per tutte le forme assomigliantesi è una meta non sempre raggiungibile, come l'identità della configurazione dopo la forma essenziale.

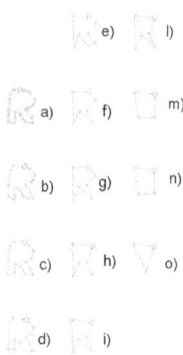

Fig. 56

Fig. 57

104

Fig. 58

Fig. 59
Nel paragrafo seguente discuterò come le figure possano essere riconosciute anche con configurazioni non perfettamente uguali.

3. Riconoscimento e apprendimento.

In questo paragrafo intenderò con le parole "riconoscimento delle forme" la capacità di riconoscere che due forme si assomigliano, nel

105

senso che un bambino sui tre anni darebbe a questa espressione. Poiché un bambino direbbe che le quattro forme di fig. 55 si assomigliano, la macchina deve imparare, anche vedendone una sola di loro, a riconoscere le altre come somiglianti alla prima e se alla prima è stato attribuito il nome "erre", la ma macchina deve poterlo richiamare quando le altre sono presentate al suo apparato visivo. Questo risultato si ottiene confrontando le contratte. Per il riconoscimento è essenziale ricordare l'osservazione di Hubel e Wiesel, secondo cui la stessa cellula semplici della corteccia visiva risponde a barre angolate entro una certa approssimazione e entro una certa area. Secondo questo criterio, le contratte delle figg. 56, 57,58 e 59, segnate dal puntino nero, sono " uguali" e in realtà provengono da delle forme somigliantesi, a cui può essere dato lo stesso nome. Poiché la macchina coglie questa somiglianza, siamo nel solco di un riconoscimento human like. Non tedio il lettore con le dimostrazioni matematiche che ho svolto e che mi hanno portato a concludere che in una descrizione delle forme attraverso gli angoli e la loro posizione, le configurazioni, ovvero la struttura gerarchica fra le contratte, ha un'estrema importanza per riconoscere la figura. Basti pensare che da due forme essenziali perfettamente uguali discendono, attraverso il processo di contrazione, ulteriori contratte uguali e quindi configurazioni uguali, non è così se le forme essenziali sono solo approssimativamente uguali, come le forme essenziali delle R. Infatti gli angoli corrispondenti, pur stando nelle approssimazioni, sono più o meno potenti e vengono contratti uno prima dell'altro. Dalle contratte successive si traggono informazioni, specie sulle proporzioni della figura, che sfuggono ad un'analisi della sola contratta precedente. E' ovvio che la matematica è una tautologia e quindi tutta l'informazione è già nella forma essenziale, nel valore dei suoi angoli, nella lunghezza dei suoi lati. Al limite è tutta nella forma e tutto il processo di contrazione potrebbe essere pensato in altro modo. Io seguo modelli che aiutano la mia intuizione. Chiusa questa parentesi, occorre imparare a confrontare le contratte. Affinché il confronto fra due contratte derivanti da figure diverse sia agevole occorre che le figure siano normalizzate. Infatti per il riconoscimento non sono importanti solo gli angoli ma anche la loro posizione. L'operazione di normalizzazione è stata discussa in dettaglio nel Cap. IV. Non ho potuto simulare il modello a piani perché richiederebbe un hardware superiore a quello che possiedo e anche una disponibilità di tempo che non ho. Ho rimediato normalizzando la lunghezza del perimetro, poi ho iniziato a inscriverevi una poligonale dai lati cortissimi, che lo approssima eccellentemente, ho attribuito ai suoi vertici le distanze, intese come lunghezza della poligonale dal suo punto iniziale, che è sempre il punto più alto a sinistra della figura. Il punto iniziale della poligonale coincide con il suo punto finale, perché la poligonale è normalmente è chiusa. Assumo di non rendere, a meno di avviso contrario, la figura invariante a rotazione. Tanto è "human like" infatti un albero ha diverso significato se è eretto o se è caduto e anche il significato delle lettere p,d,q,b muta per rotazione. Insomma l'invarianza alla rotazione, all'inversione del contrasto, alle trasformazioni lineari,... sono idee retaggio di idee della matematica, la cui inopinata applicazione può portare a dei disastri: in natura, un gatto e una tigre, pur diversi solo in scala, non sono la stessa cosa. Il confronto fra le configurazioni avviene fra quella della figura attuale, ovvero la figura che è presente all'apparato visivo del computer e le configurazioni di tutte le altre figure che sono state memorizzate, ognuna delle quali ha il proprio nome. La figura attuale sarà riconosciuta dalla miglior corrispondenza fra la sua configurazione e una di quelle memorizzate. Le configurazioni memorizzate possono essere state affinate con i metodi delle reti neuronali, mediando gli elementi delle configurazioni derivanti da figure simili. Tuttavia ho notato che il riconoscimento risulta ugualmente preciso senza dover richiedere l'affinamento delle configurazioni memorizzate. Basta memorizzare le configurazioni di una figura, non strampalata, un buon campione della sua classe e il computer riconoscerà le figure somiglianti. Ciò mi ha stupito e confortato. Il confronto fra le configurazioni è un procedimento complicato. Comincio dal confronto fra contratte, al fine di capire se sono del tutto o in parte uguali, considero una contratta della figura attuale in fig. 60 a) e la confronto con una contratta della figura memorizzata in fig. 60 b). Per maggior chiarezza di esposizione, ho preferito disegnare le contratte, piuttosto che scriverne i loro valori numerici. Come primo passo collego gli angoli approssimativamente uguali fra le due contratte. In generale ogni angolo risulterà collegato con vari angoli, che sono approssimativamente uguali ad esso. Scelgo per convenzione di misurare gli angoli dalla parte interna della figura, che va immaginata una testa di profilo. Si osservi la fig. 61, in cui i perimetri dei due profili sono stati sviluppati. Come esempio badiamo a tre angoli D, F, H della fig. 60 a) e consideriamo approssimazioni insensatamente ampie, per fare un esempio. L'angolo D misura circa 90° e si può collegare con A', B', D', G', I' e L', che hanno approssimativamente quel valore. L'angolo F misura circa 270° e si collega con C', F' e H'. L'angolo H misura oltre 270° e si collega con C', F' e H'. Si noti che H' si collega sia con F che con H. Come secondo passo, occorre notare che i segmenti AB e A'B', BC e B'C',... non sono molto diversi fra loro mentre l'origine delle due spezzate, da cui procedono le misure possono essere diverse. Per questo che in fig. 61 ho collocato il punto A' più a destra del punto A e noto che le linee che collegano i vertici dei segmenti omologhi sono "grosso modo" parallele perché i segmenti omologhi hanno lunghezze pressoché uguali. Le linee dei collegamenti corretti sono, in genere, angolate allo stesso modo per tutta la figura e in caso di sproporzioni fra la forma attuale e quella memorizzata si formano fasci zonali di rette pressoché parallele, se vi è una zona della figura solo spostata o anche convergenti se la zona della figura fosse rimpicciolita, ecc.. .

Figg. 60

Trascurando, per ora, questi casi particolari, voglio rimarcare che il parallelismo delle rette, che indica che i segmenti delle due poligonali, attuale e memorizzata, sono uguali, è un grosso aiuto per scegliere gli elementi da collegare. Usando come criterio la somma della potenza degli angoli dei collegati si possono sommare le potenze di tutti gli angoli collegati con una certa direzione, poi quella di altri angoli collegati con un'altra, poi quella degli angoli collegati con un'altra direzione ancora..., si forma un istogramma da cui emerge l'angolazione ha la potenza massima: è quella cercata, che chiamerò differenza privilegiata fra le lunghezze e mi riferirò a lei per valutare i collegamenti corretti fra gli angoli della forma attuale e di quella memorizzata. In fig. 61 i collegamenti accettati perché angolati correttamente sono in linea spessa. Con questo semplice criterio si nota che anche i legami HF' e e FH' sono angolati (entro una certa approssimazione) correttamente, perché escluderli? Gli angoli della fronte, dell'occhio, del naso,... come le loro distanze, possono essere largamente modificati e ognuno converrà che si tratta ancora di un profilo. Non così il loro ordine, il naso non può stare sopra l'occhio, la bocca sotto il mento: gli angoli hanno un ordine. Questa assunzione implica che i collegamenti scelti dalla fig. 61 non possano incrociarsi. Se c'è incrocio si sceglie il collegamento fra gli angoli più potenti e con il collegamento più vicino alla d.p. Nello

109

scegliere ed eliminare i collegamenti l'algoritmo tiene conto di entrambi i criteri. Un altro criterio che va usato per scegliere fra i collegamenti sono le bisettrici degli angoli. Le bisettrici sono orientate, quindi i valori dei loro angoli coprono l'angolo giro. La bisettrice di D è uguale a quella di A', D' e I' ma non di B', di G' e di L'. I collegamenti di questi tre ultimi angoli vengono eliminati, a fortiori. Per la stessa ragione sarebbe stato eliminato il collegamento HF' e anche FH'. Anche per le bisettrici vale l'idea della differenza fra quelle degli angoli corrispondenti: deve essere costante, nel caso delle due fig. 60 a) e b) prossima a zero. Se una figura fosse ruotata rispetto all'altra la differenza fra le bisettrici degli angoli corrispondenti, ancora costante, non sarebbe più uguale a zero. Anche per le bisettrici si forma un istogramma e si trova una differenza privilegiata fra le bisettrici che permetterà di escludere i collegamenti che si discostano da essa. I due criteri, la differenza privilegiata fra i lati e la differenza privilegiata fra le bisettrici vanno usati ancor prima del terzo criterio, quello dell'ordine degli angoli, che in tal modo ha impiego modestissimo. Le lunghezze fra le quali si fa la differenza, non sono le lunghezze dei lati delle due poligonali: in tal caso questa differenza dovrebbe essere vicina allo 0 (non consideriamo il caso delle sproporzioni), ma fra la lunghezza della poligonale della figura attuale fra il suo punto d'inizio e un angolo, diciamo l'angolo B e la corrispondente lunghezza O'B' della poligonale della figura memorizzata. Si considera la lunghezza OB e la si confronta con le varie lunghezze O'A', O'B',O'F',… della figura memorizzata che hanno gli angoli approssimativamente uguali. La costante cercata emerge dall'istogramma delle differenze OB-OA, OB-O'B', ecc… Questa graficamente è l'angolazione dei collegamenti fra gli sviluppi delle due contratte in fig. 61. Di qui si comprende quali siano i lati e gli angoli omologhi. La semplice differenza fra i lati non porta quest'informazione come non la porta la differenza delle bisettrici. Per le bisettrici si cerca la differenza del loro valore, che deve essere costante.

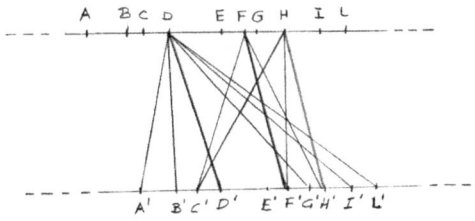

Fig. 61

Questa informazione può essere usata per perfezionare la scelta dei lati omologhi che si fa con la differenza delle lunghezze. Le due configurazioni, attuale e memorizzata, sono formate da tanti strati, ognuno dei quali contiene una contratta. Come confronto fra loro le contratte degli strati fra loro? Il terzo con il terzo, il quinto con il quinto, l'ennesimo con l'ennesimo? Confrontare gli strati con la stessa profondità non è un'idea insensata perché, essendo le figure normalizzate e il coefficiente di contrazione costante in ogni strato vi è la stessa perdita di particolari nelle figure. Tuttavia la semplice osservazione delle figg. 62 a) e 62 b) mostra che certi particolari, per esempio FG e F'G' sono lievemente diversi e producono angoli di potenza lievemente diversa, che fanno si che uno si contragga prima e l'altro dopo, formando contratte diverse almeno in quel particolare. Questa differenza sarà poi assorbita nelle contrazioni successive. Anche la mia esperienza rileva che il confronto fra contratta ennesima della forma attuale e con contratta ennesima della forma memorizzata è spesso lacunoso, è bene estendere il confronto fra lo strato n della figura attuale fra gli strati n+i ed n-i (i=1,2,3...) perché in tal modo il particolare sparito nello strato n lo si ritrova in uno strato di profondità vicina. I tre criteri detti prima per trovare gli angoli corrispondenti restano validi. Un altro vantaggio di questa posizione è che con essa l'algoritmo accetta meglio le sproporzioni

111

della figura. Pensiamo al profilo dell'uomo in fig. 60 a) ma che l'uomo abbia il mento assai più grosso e una fronte assai più piccola di quello in fig. 60 b). Il confronto strato n della figura attuale con strato n della figura memorizzata non funzionerebbe. Se i è piccolo, i=2 oppure i=3 su venti strati totali, le piccole sproporzioni verranno assorbite mentre quelle grandi, che impedirebbero a un bambino di definire somigliantesi due figure, rimarranno insanabili. Le zone sproporzionate verranno rilevate perché mancanti di collegamenti e trattate con il metodo del riconoscimento sintattico.

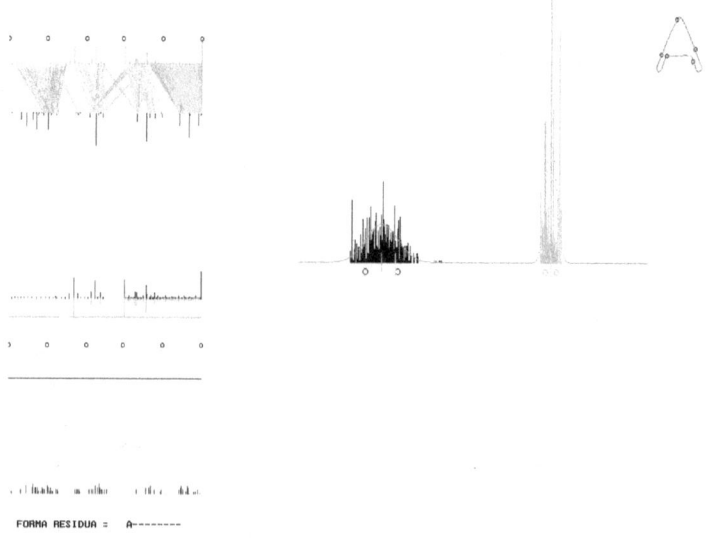

Fig. 62

Ho realizzato sul computer dei programmi basati su queste idee e il loro risultato è visibile in fig. 62 a), in cui sono state confrontate due forme di fig. 65, quella in alto a sinistra e quella in basso a sinistra. La prima in alto a sinistra in fig. 65 è la forma memorizzata che, nel programma è chiamata "forma residua" e nel paragrafo seguente sarà chiaro il perché di tale nome. Ad essa è stato messo il nome A-------,

112

che definisce la classe di forme simili. La prima in basso a sinistra di fig. 65 è la forma attuale e la sua "silhouette" è visibile in fig. 62, in alto a destra. Su questa vi sono dei cerchietti che dividono in cinque parti il perimetro. Il perimetro della forma attuale è sviluppato sul lato superiore del "rettangolo", attraversato da linee grigio chiaro e grigio scuro (rosse e verdi sul sito), che si trova in alto a sinistra in fig. 62. I sei cerchietti lo dividono in cinque parti, come la silhouette e permettono di collegare questa rappresentazione con la silhouette. I cerchietti sono sei perché il primo e l'ultimo si riferiscono a elementi coincidenti. Il primo cerchietto è nel punto più alto a sinistra della silhouette e che va percorsa in senso orario. Nel lato inferiore del rettangolo invece c'è lo sviluppo del perimetro della forma residua. Le linee verticali (verdi), normali al lato superiore del rettangolo rappresentano le potenze degli angoli delle contratte della figura attuale. Le linee verticali (gialle), normali al lato inferiore sono invece le potenze degli angoli delle contratte della forma residua. Le linee grigio scuro (verdi) fra i lati inferiore e superiore di detto rettangolo rappresentano tutti collegamenti possibili, quelle grigio chiaro (rosse) i collegamenti corretti. Si nota che tutti gli angoli sono collegati da una linea grigio chiara (rossa), nonostante le figure siano parecchio diverse, questo perché le contrazioni rendono le contratte della forma attuale e della forma residua uguali, almeno da una certa contratta in giù. Un algoritmo permette di calcolare la potenza soddisfatta dai collegamenti, per poi usare questa informazione come criterio per stabilire a quale classe appartiene la forma. Ad esempio se le forme residue fossero un centinaio, la figura attuale verrebbe confrontata con tutte e ogni confronto la soddisfazione degli angoli sarebbe espressa da un numero. Se le cose andassero bene, il massimo dei questi numeri corrisponderebbe alla forma residua di nome "A--------" e la figura attuale sarebbe riconosciuta in tale classe, quindi avrebbe nome A--------. Si noti che non appare la silhouette della forma residua perché i suoi angoli, i suoi lati sono frutto dell'operare di una rete neuronale, che ne elimina parte, che fa delle medie. Questa rappresentazione rende laborioso e difficile il disegno della forma residua. Anzi se non sono conservate le contratte alte, impossibile. Così è anche per l'uomo: riconoscere un oggetto non significa saperlo disegnare.

4. La rete neuronale. Frammentazione della figura.

Nel provare le mie idee sul computer scrissi un programma che simulava una classica rete neuronale. Nulla di eccezionale. Questa mediava, fra le figure somiglianti, le distanze fra i vertici, le bisettrici, i valori degli angoli, la profondità dello strato dell'angolo in questione e attribuiva una persistenza all'angolo. La persistenza è una proprietà degli angoli diversa dalla potenza. La potenza di un angolo dipende dal suo acume e dalla lunghezza dei suoi lati, indipendentemente dalle volte in cui si presenta. La persistenza permette di cancellare l'angolo, se è relativamente poca rispetto al numero di volte che la figura è stata vista e riconosciuta; inoltre la persistenza normalizzata rispetto al numero di volte che la figura è stata vista e riconosciuta fornisce un ulteriore criterio per definire i collegamenti fra gli angoli della forma attuale e della forma memorizzata. Chiamavo la forma memorizzata, affinata da dalle medie con conseguente rafforzamento della persistenza degli angoli e loro cancellazioni, "forma residua". Dalle prove risultò che per il riconoscimento topologico la rete neuronale non serviva a ben poco: le forme erano riconosciute con la stessa probabilità di errore sia dopo avere mostrato al computer e memorizzato una sola forma, sia dopo averne memorizzate e mediate parecchie. La rete neuronale non è però inutile, essa permette di 1) definire il tipo di intelligenza, di 2) chiudere i contorni e di 3) frammentare l'immagine. Il suo operare è questo: omonimia a parte, noi attribuiamo lo stesso nome a figure

114

che giudichiamo somigliantesi. Limitiamo l'accezione di questa parola a quella che gli darebbe un bambino di meno di tre anni. All'inizio si mostrano al computer parecchie figure diverse ognuna con il suo nome, e si chiede che le memorizzi, con i loro nomi. In seguito se voglio far riconoscere al computer una figura (la figura attuale), la presento al suo apparato visivo, esso ne ricava la configurazione, la confronta con quelle delle figure già memorizzate, che hanno un nome, trova la più somigliante mi dice il suo nome. Questo è il riconoscimento; avvenuto fra la configurazione attuale e quella residua vi sono elementi che corrispondono e altri no. Le distanze degli elementi dall'origine, le bisettrici, la posizione delle contratte negli strati, le potenze, vengono mediate, con media ponderata, tenendo conto di quante volte è apparsa la figura con quel nome e il risultato di tale medie va a correggere i dati che sono nella forma residua. Le lunghezze degli elementi non corrispondenti vengono variate in modo da preservare l'ordine che gli elementi avevano in precedenza. Siano A,B,C,D,E i vertici di una contratta di una forma residua e siano solo B ed E a trovare corrispondenza con la contratta attuale, a causa di questo B ed E si sono avvicinati. L'ordine dei vertici, dopo tale operazione, rimane ancora A,B,C,D,E anche se D ed E si fossero avvicinati, tanto da scavalcare le posizioni primitive di C e D. Lo spostamento do B ed E porta lo spostamento di tutti i punti, anche di quelli non corrispondenti. Occorre immaginale lo sviluppo della poligonale su un elastico, tirado o avvicinando B ed E gli altri punti si spostano ma il loro ordine rimane tale. Nel dettaglio gli spostamenti saranno più o meno grandi in relazione alla potenza e alla persistenza degli elementi corrispondenti e non corrispondenti. Per quanto riguarda le bisettrici, quelle degli angoli corrispondenti sono mediate con media ponderata. Per le altre si trova la differenza privilegiata poi si incrementano queste bisettrici di tale differenza, tenendo conto che anche l'incremento è soggetto a media ponderata. Per quanto riguarda la

115

persistenza degli elementi corrispondenti è aumentata ogni volta che la forma è riconosciuta. Si tiene pure conto del numero delle volte che la forma è stata presentata e più che la persistenza conta il rapporto fra essa e il numero di volte che la forma è stata presentata. Questo rapporto che chiamo persistenza relativa p, moltiplicato alla potenza P influisce nel calcolo del valore numerico che misura la somiglianza. L'incremento della persistenza è diverso per ogni strato della configurazione e permette di definire il tipo di intelligenza della macchina. Un incremento grande, per le contratte alte, poco elaborate, comporta un tipo di intelligenza molto preciso, incapace di generalizzare, che ritiene somiglianti solo le figure quasi identiche. Qualora poi le approssimazioni sugli angoli, sulle bisettrici e sulle lunghezze fossero minime, la conoscenza di un ristretto ambiente richiederebbe un'enorme quantità di memoria, per registrare un gran numero forme quasi identiche. Inversamente se io incrementassi molto le contratte basse, discernerei male perché troppe forme producono le stesse contratte alte. Il buon senso dice di definire una funzione che privilegi le contratte intermedie oppure di studiarne una adatta ad uno scopo, posizione che stride con i presupposti del generali del lavoro. Vi sono zone del perimetro della contratta residua senza alcun elemento. Queste zone accettano elementi dalla stessa zona della contratta attuale. Vi sono studi di psicologia che mostrano come il neonato formi nella sua mente il volto della mamma, i contorni di questo si prolungano giorno dopo giorno, finché si completano, come in Fig. 63. Ho notato che i primi contorni a formarsi nel bambino come nella macchina sono quelli che hanno gradiente maggiore, quindi i più facili da rilevare. La persistenza relativa permette di individuare gli elementi delle contratte residue che possono essere cancellati. Basta imporre che se, dopo n volte che si sia stata riconosciuta una forma, vi siano elementi con p basso. Se in una zona del contorno vi sono angoli che normalmente hanno valori assai diversi gli angoli della figura residua sono indeboliti e vengono cancellati, ma quelli della figura attuale, sempre diversi, non possono stabilirsi, il risultato è un vuoto in quella zona di contorno. Questi tratti di contorno, li avevo chiamati fin da ragazzo zone articolari, riferendomi alle articolazioni del corpo umano, esse sono nelle figg. 64 a) e b) le zone A, B e A' e B' dove la variazione degli angoli non può essere assorbita da una ragionevole approssimazione.

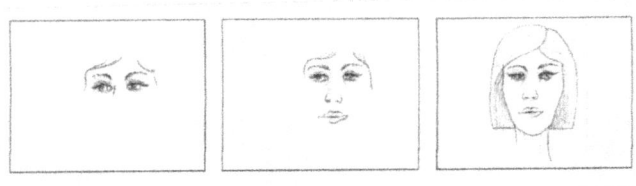

Fig. 63

Quanto ho detto per il braccio destro vale per il sinistro e, in generale, anche per le gambe, anche se non è evidente nelle figg. 64 a) e b), inoltre vale anche per l'avambraccio e il gomito... In generale dove c'è un'articolazione gli angoli sono così diversi che l'angolo registrato dopo la prima percezione non viene più riconosciuto uguale nelle successive e la sua bassa persistenza fa si che venga cancellato: in queste zone il contorno memorizzato della figura si rompe. La rete neuronale, unita alla definizione che ho dato delle caratteristiche, provoca qualcosa di simile a quello che pensava, in tutt'altro contesto, il Marr, che voleva scomporre le figure a pezzi come in fig. 64 c). La frammentazione avviene grazie al movimento. Ripeto che non ho le energie e le capacità per compiere studi su oggetti in movimento da solo. Ognuna di queste figure che si formano può avere un nome ed esse sono collegate fra loro tramite moti oculari ed altri cambiamenti di stato cerebrale.

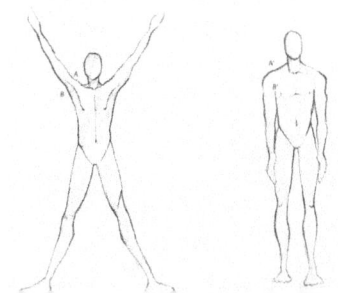

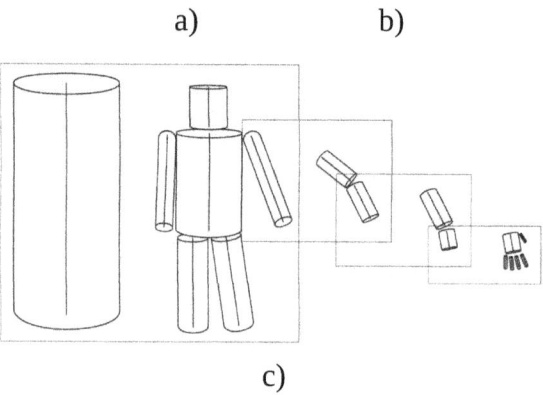

a)   b)

c)

Figg. 64

Diverso è il caso di una figura in tre dimensioni, per esempio un volto umano, esso da luogo ad almeno due immagini diverse se visto di fronte o di profilo e queste sono memorizzate come forme diverse (sotto lo stesso nome). Se il volto, visto di fronte, gira di poco verso la vista di profilo, gli angoli che lo descrivono rimangono pressapoco uguali ed esso è riconosciuto ma se il volto è nettamente di profilo i suoi angoli sono completamente diversi da quelli visti di fronte, quindi occorrono certo più di due memorizzazioni per seguire la rotazione della figura. Anche qui non sono d'accordo con il Marr, a mio avviso, le forme, nel cervello, hanno struttura bidimensionale. Diverso ancora è il caso in cui la figura venga vista spessissimo con i suoi particolari disposti in un certo modo e raramente in altra disposizione, come se l'uomo della figura fosse visto quasi sempre con le braccia in basso. In questo caso il contorno non si rompe ma la diversità viene rilevata e permette di isolare lo stesso la parte che è in una posizione inusuale. Questa frammentazione è la base del riconoscimento sintattico, i tratti di contorno vuoti non sono come quelli che non si sono ancora formati dove il contrasto c'è ma è debole: in questi tratti gli angoli sono sempre uguali e si assiste al loro rafforzamento. Il problema della frammentazione dell'oggetto si può trattare nello stesso modo di quello della rilevazione delle differenze fra oggetti simili. Le differenze sono importantissime per distinguere le forme. Capita che due forme somigliantesi vengano confuse perché il particolare che permetterebbe di distinguerle, nel riconoscimento topologico, ha poco peso nel conteggio che stabilisce la somiglianza fra le forme. Siano, per esempio, O e Q le due forme da riconoscere: l'appendice della Q potrebbe essere vista come un disturbo insignificante e le forme essere confuse. Ciò non accade se questa appendice viene isolata e memorizzata come elemento discriminate fra le due forme. Da queste parole si intuisce che il riconoscimento della Q o della O richiede due percezioni distinte, quella del cerchio e quella dell'appendice che può esservi e deve stare in una certa zona o mancare. Questo è un esempio del riconoscimento sintattico, di cui parlerò oltre. L'insegnamento alla macchina può avvenire attraverso un maestro che può indicare l'appendice e spiegare che per capire se la lettera sia una O una Q la macchina deve controllare se l'appendice non ci sia o ci sia. Come farebbe come con un bambino. Tuttavia l'opera del maestro non è l'unico modo che permetta di imparare: il bambino intelligente riesce a isolare la differenza discriminatoria da solo. Per questo ho sviluppato alcuni programmi, che a differenza di quelli che comportano il moto, sono nelle mie possibilità. Essi permettono di isolare i particolari diversi fra due forme e, per altri scopi, coglierebbero anche le zone articolari. Il nocciolo è il programma finora applicato per riconoscere le forme, adattato a due forme che tendono a confondersi. Esso individua e indica la parte diversa fra le due forme somigliantesi, la isola e la memorizza. A titolo di esempio, il lettore si chieda quale sia la differenza principale fra le lettere A ed R, disegnate nelle figg. 65 e 55. non legga oltre risponda nella sua mente. Le lettere A e R, sono assai simili e

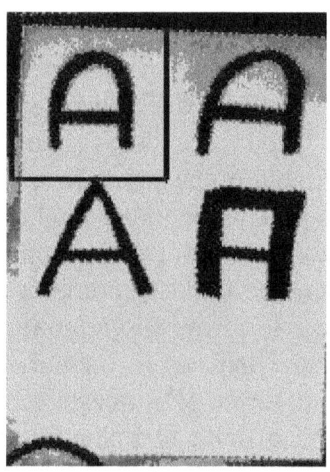

Fig. 65

chiunque converrà che la differenza fondamentale sta nella rientranza a metà della R, nella sua parte destra. Se il computer riuscisse ad individuarla saremmo sicuri che esso lavora come l'uomo. In fig. 66 c'è il risultato del confronto fra la forma residua delle A, chiamata A-------- e la prima R in alto a sinistra di fig. 55, che è la forma attuale e che si vede disegnata in fig. 66 in alto a destra. In alto a sinistra in fig. 66, nel "rettangolo" è mostrato in grigio chiaro (rosso) il collegamento fra le contratte della A e della R. Gli angoli del perimetro della forma R sono disposti sul lato superiore del rettangolo. Partendo dal punto in alto a sinistra della silhouette della R e procedendo in senso orario la sua rientranza risulta fra il secondo e il terzo cerchietto. Osservando il lato superiore del rettangolo in parola, quello della forma attuale R, ingrandito in fig. 67 fra il secondo e il terzo cerchietto, si nota la predominanza del grigio scuro (verde) indice che gli angoli, non sono collegabili in modo valido con gli angoli della forma residua A, rappresentata sul lato inferiore. Essi sono gli angoli della rientranza della R. Si nota anche che in corrispondenza del quarto cerchietto vi una zona non collegata che corrisponde alla biforcazione fra le gambe della R. In effetti la

120

sproporzione fra questo particolare della R e la larghezza del segmento che collega le due gambe della A è troppo grande per essere assorbita. Ripetendo il confronto fra varie A ed R di foggia diversa i due particolari isolati saranno affinati nella rete neuronale. Il primo si conserverà di sicuro e nella definizione del riconoscimento della A rispetto alla R sarà essenziale, il secondo particolare potrebbe sparire o avere un peso minore.

Ovviamente il peso è meccanizzabile perché è definito dalla persistenza. Se le figure poste al confronto con questo programma non fossero la A e la R bensì le forme delle figg. 63, immediatamente la macchina isolerebbe le due braccia, che potrebbero essere memorizzate con un programma apposito, lo stesso che uso per memorizzare la rientranza sulla R.

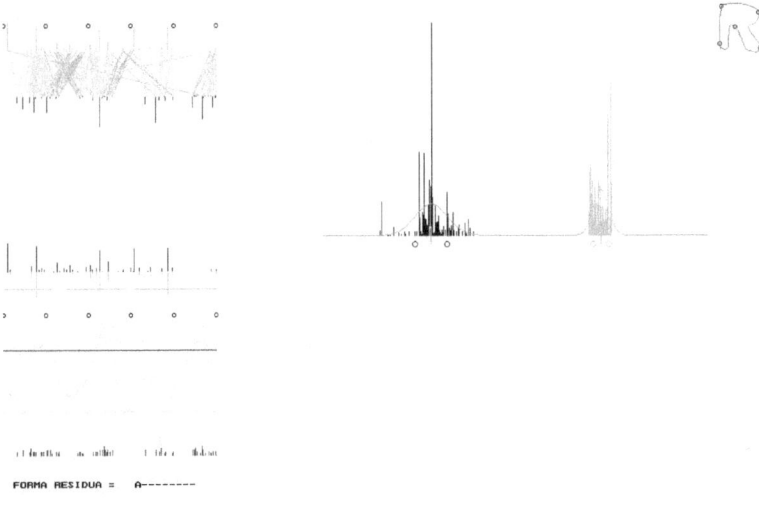

FORMA RESIDUA = A--------

Fig. 66

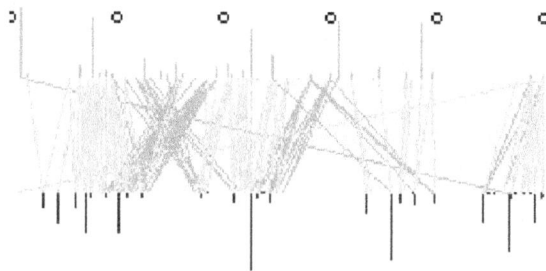

Fig. 67

Il riconoscimento topologico fornisce dei valori che quantificano la somiglianza fra la forma attuale e le varie forme residue, uno per ogni forma residua. Il valore più alto associa il nome della figura residua alla figura attuale. Ogni figura residua ha un nome, gli è stato assegnato. La figura attuale no, il computer deve capire a quale figura residua assomiglia e attribuirgli quel nome. Se il valore più alto che emerge dal confronto fra la figura attuale e quelle residue è poco diverso dal valore successivo,   si può affermare che il riconoscimento topologico è dubbio e si deve procedere a quello sintattico. Se invece un valore è molto superiore agli altri (si devono precisare queste parole con una percentuale) non ha nessun senso procedere al riconoscimento sintattico. Il riconoscimento topologico è già sicuro.

5. Cenni sulla ricerca degli oggetti.

Limitandoci alla sola visione, gli oggetti sono isolati nell'ambiente a causa 1) del movimento o anche esoprattutto 2) della variazione del movimento. In queste condizioni essi attirano l'attenzione. La prima causa è facilmente meccanizzabile, basta considerare due immagini della stessa scena in successione temporale e dalla loro differenza appare l'immagine dell'oggetto in moto. Anche se l'occhio si muove

122

su uno sfondo uniforme, ad esempio un bel prato con questa tecnica si può isolare la cartaccia immobile. Anche un movimento uniforme viene, dopo poco, ignorato. Questo comportamento è anche proprio degli altri sensi oltre che alla vista, ad esempio io non avverto la pressione delle scarpe sui miei piedi. In entrambi i casi l'oggetto è portato in visione centrale, messo in scala e vengono estratte le sue caratteristiche, per poter essere riconosciuto. Tuttavia un oggetto, anche immobile, abbastanza indistinguibile in uno sfondo vario, può anche venire trovato, a tale scopo gli animali usano molto gli odori. Volendo utilizzare la sola vista ricordo che avevo già fatto notare la similitudine fra il modello a piani della retina e il modello a strati e che un'immagine in un piano profondo, corrisponde "grosso modo" a un'immagine elaborata in uno strato profondo. Il modello a piani e quello a strati sono due applicazioni della convergenza, che è una caratteristica del sistema visivo. Si voglia, per esempio, cercare una casa in un paesaggio di auto, alberi, animali. Si può eccitare la configurazione residua della casa e guardare il paesaggio in modalità visione periferica. La casa occupa un'area minima nel del cerchio visivo che è un cerchio grande, atto alla visione periferica. Data l'alta convergenza delle fibre ottiche sullo stesso nervo visivo la casa non può contenere dettagli. Essa sarà elaborata (come il resto dell'immagine) nel modello a strati e le sue contratte alte troveranno corrispondenza in quelle basse, memorizzate, della casa. Questo perché la forma residua deriva dall'osservazione della casa in visione centrale, le contratte alte che procedono dalla visione centrale non possono trovare riscontro con quelle alte che derivano dalla visione periferica, che deriva da immagini poco dettagliate. Mentre le contratte alte della visione periferica trovano riscontro nelle contratte più basse della forma residua, nella quale i dettagli della casa sono stati eliminati con altro metodo ma con risultati affini. A causa di questa corrispondenza la casa potrà venire isolata in visione centrale, per essere riconosciuta con certezza.

6. La struttura della cella visiva.

La cella di memoria visiva che ho realizzato sul computer è assai semplice, consta di una configurazione, ovvero di un'insieme di contratte, di un nome e di eventuali sinonimi. Nel modello cerebrale che propongo le celle di memoria in genere, non solo quelle visive, sono più complesse, schematizzate in fig. 68. Nell'ultima riga di esse stanno le caratteristiche, che per il sistema visivo sono nella configurazione. Nella prima riga esse hanno un indice i, che è il numero cardinale della cella. Poi hanno una zona di memorizzazione formata da alcune righe. In esse a,b,...,e,f,... sono gli indici di altre celle del cervello. Accanto a ognuno di questi indici i delle altre celle cerebrali, vi è la potenza p_i, calcolata in base in base alla frequenza con cui la memorizzazione dell'indice si ripete.

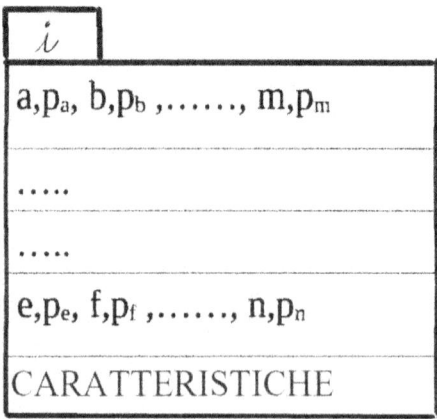

Fig. 68

Vorrei far notare che nella zona di memoria di una cella possono essere memorizzati gli indici di ogni tipo di cella del cervello, quindi, per esempio, una cella del sistema visivo può contenere in memoria indici sia del sistema uditivo che del sistema visivo. Non così la riga delle caratteristiche; le celle del sistema visivo contengono le caratteristiche della visione, ovvero le configurazioni; le celle del sistema udivo hanno nelle riga delle caratteristiche quelle proprie del del sistema uditivo, ecc... Un tempo chiamavo livelli gli insiemi di celle relativi a un senso e anche a quello dei comandi interni al cervello. Si può dire che il richiamo delle caratteristiche di una cella ne produce l'eccitazione ma la sua eccitazione può anche essere indotta dal richiamo del suo indice. Nei modi dovuti una cella eccitata può memorizzare ed emettere quanto ha memorizzato.

Capitolo VI – La meccanizzazione del linguaggio.

Premessa

Il collegamento fra mondo e cervello è assicurato, con molti limiti, dai sensi. Questo sforzo evolutivo non mi pare volto a conoscere l'essere e la sua essenza ma alla soddisfazione dei bisogni istintivi e il potere predittivo del cervello si è sviluppato con questi limiti e nell'ambiente proprio del vivente. A mio avviso il processo evolutivo del cervello è iniziato dalla membrana del protozoo che lasciava entrare i liquidi nutrienti e teneva fuori quelli venefici, poi l'ameba che avvolgeva l'essere microscopico e lo "assaggiava" prima di assorbirlo usando un rudimentale apparato chemiosensoriale che valutava le molecole di cui era formata la preda, apparato che in parte rimase tale e in parte si perfezionò in qualcosa di simile all'olfatto, che coglie le molecole sparse dalla preda nell'acqua e poi nell'aria. Il senso della vista venne dopo, dalla necessità di schivare ostacoli e di procedere in un ambiente accidentato e anche dalla necessità di localizzare prede o predatori i quali però venivano ancora riconosciuti attraverso il loro odore. Solo negli animali superiori e nell'uomo, a cui si riferirà il discorso che segue, il senso della vista acquista la capacità di riconoscere gli oggetti. A tale scopo l'occhio coglie i fotoni, che sono emanazioni del mondo come lo sono le molecole che riguardano l'apparato chemiosensoriale. L'occhio eccitato dai fotoni emette scariche elettriche che sono elaborate e portano un contenuto di informazione al cervello. In parte questa elaborazione conduce alla visione, che permette all'uomo di orientarsi, in parte permette il riconoscimento degli oggetti. Il riconoscimento degli oggetti, operato dal senso della vista, che ha alla base i fotoni, risulta molto più efficace, per le complesse esigenze dell'uomo, di quello operato dall'apparato chemiosensoriale. L'informazione portata da questi segnali, che hanno potere predittivo, danno senso alla parola modelli del mentalese, accettabile con questa definizione, anche se derivante da un linguaggio e modo di descrivere i fatti che non è nelle mie corde. Il modello cerebrale dipende da come viene elaborata l'informazione che dal senso giunge al cervello ma anche dall'emanazione che rileva il senso. Un modello derivante dai suoni, che sono vibrazioni, è diverso da uno derivante dagli odori e diverso ancora da uno derivante dai fotoni. Sono rappresentazioni del mondo diverse, che si sono sviluppate più o meno, che si sono specializzate, nel processo di selezione naturale. Da un centinaio di anni nella fisica vi è un'avversione generalizzata verso i modelli. Alcuni Professoroni definiscono i modelli "l'ausilio delle menti deboli" e altri professori di fisica dicono, en passant (sic!), invece di aprire una dettagliata discussione, che i modelli sono da evitarsi perché a) hanno mostrato i loro limiti negli anni Venti del Novecento con lo studio della fisica atomica e continuano dicendo che b) una teoria fisica è buona quando da una serie di misure si può prevedere un'altra serie di misure. Quest'ultima affermazione b) è vera ma futile, inconsistente, superficiale. Essa ha gli stessi limiti della classica relazione causa effetto che è insita nel modello predittivo formatosi con l'evoluzione. Essa è il risultato della selezione naturale che, attraverso lo sterminio dei non adatti, ha reso sensi e cervelli capaci di stabilire tale relazione, attraverso la scelta da parte del cervello delle emanazioni opportune del mondo e l'elaborazione del segnale sensoriale che producono. Per esempio, nel del gioco del bigliardo si ha un modello predittivo eccellente e in effetti campioni di biliardo che, in generale, non hanno svolto studi di meccanica razionale sanno prevedere le traiettorie delle bocce in modo eccellente. Probabilmente questo gioco e comunque il modello cerebrale, ha dato un notevole contributo alla scoperta della formulazione matematica della legge della conservazione della quantità di moto, che permette, unitamente a quella della conservazione dell'energia, di conoscere la posizione e la velocità delle biglie dopo urti e rimbalzi. Questo è un modello proprio della visione, legato ai fotoni e all'informazione che essi portano. Esplorare il mondo atomico e subatomico con i fotoni non ha nessun senso, quella materia interferisce e reagisce in modo inopinato essi. Il fotone non può essere paragonato all'elefante nella cristalleria, come disse un celebre fisico. Fosse così, i danni del bestione sarebbero comprensibili. Inoltre nella fisica atomica perdono senso la parola velocità, la parola posizione e l'idea intuitiva stessa di materia, confondendosi essa con le onde. In buona sostanza non si sa di che si parla e non si sa come si comporta l'oggetto che si sta studiando, non si sa come si evolve. Come formulare leggi in forma matematica se non si capisce quello che succede? Non c'è un modello predittivo in se, come quello del gioco del bigliardo, su cui gettare una matematica che permette di affinare e quantificare previsioni già insite. Non dimentichiamo mai che la matematica è una mera tautologia. Inoltre per quantificare bisogna misurare. Nel mondo atomico e subatomico che si misura? Non si sa di che cosa si parla. Non si può applicare a quel mondo il modello che abbiamo in mente che abbiamo ricavato dai fotoni, tanto vale provassimo ad applicare quello derivante dagli odori o dai suoni. Occorrerebbero dei nuovi sensi, che cogliessero opportune emanazioni di quel mondo e un cervello organizzato in modo da formare un modello predittivo. Questo lo può fare solo l'evoluzione, poi si potrà scrivere una teoria in forma matematica. La maggioranza dei fisici, miei contemporanei, invece va a ritroso. Tenta di applicare a quel mondo leggi in forma matematica, che sono state ricavate dal mondo macroscopico, non pensando che esse sono relazioni entro un modello cerebrale, proprio di quell'ambiente, che ha per base i fotoni e che quindi porta l'informazione del mondo che essi possono dare. Non che io sappia fare di meglio: semplicemente non mi incaponisco in un'impresa impossibile e neanche, dato che non si sa come sia il mondo microscopico, mi propongo di progettare dei sensi e un cervello per capirlo. Ci vorrebbero tentativi su tentativi, simulanti la selezione naturale. Purtroppo queste considerazioni, a mio avviso, comportano l'impossibilità di ogni progresso nella comprensione del microcosmo. Potranno aversi scoperte provenienti da macchinari sempre più potenti, che daranno la stura a teorie parzialissime, di scarso potere predittivo, anzi saranno le teorie ad essere continuamente emendate dalle ulteriori scoperte sperimentali. Non ho cambiato tali idee da quando avevo ventuno, ventidue anni ed esse mi avevano ulteriormente convinto a proseguire gli studi sul cervello e a mettere gli studi di fisica, così come concepita oggi, in secondo piano, con un certo rincrescimento, perché avevo intravisto, dei risvolti sconvolgenti nell'estensione relativistica della termologia, ma non è questo: per gli studi sul cervello rinunciato alla politica, questo è il mio gran rimpianto. Tuttavia anche il cervello è un organo fisico, dato che lo studio della fisica riguarda ogni cosa naturale, non solo le particelle elementari o la teoria della relatività. Quanto ho fatto, per quello che vale, è un lavoro di fisica classica perché il cervello che ho progettato sta all'interno del macrocosmo, del mondo che conosciamo con i sensi, fatto di cose che si muovono, che danno calore, che fanno rumore ecc... di cui il cervello si è fatto un modello che ha in sé un potente potere predittivo. Le misure e la matematica che le collega, hanno senso in esso, perché riguardano le grandezze misurabili, nel senso dato da Euclide a queste parole e sono metodi che servono esclusivamente a perfezionare il potere predittivo insito nel modello. Nella ridondanza tipica del modello cerebrale, lo scegliere le parti, o segni che dir si voglia, utili alla previsione può essere perfezionato usando metodi quantitativi e pretendendo previsioni esatte da un punto di vista quantitativo, scrivendo la teoria sotto forma matematica. La matematica in fisica è subordinata al modello ma nulla aggiunge. La logica è poi un supporto della matematica. Non è vero che i modelli sono da evitarsi perché hanno mostrato i loro limiti negli anni Venti del Novecento con lo studio della fisica atomica la fisica si è fermata a quegli anni perché è senza un modello cerebrale che permetta di intuire, di matematecizzare. Concordo con David Hume, la legge fisica è un'abitudine, la relazione causa effetto è un altro modo di chiamare l'abitudine. Nulla è più lontano da me che la concezione platonica, accettata da Galileo, di un mondo fatto di proporzioni e figure geometriche. Nulla sappiamo di nulla a ciascuno l'opinione vien dal di fuori. A queste parole del grandissimo Democrito, c'è poco da aggiungere.

Devo ora riprendere il discorso iniziale, ovvero dello stato cerebrale A che anticipa, attraverso lo stato cerebrale B l'evolversi dello stato fisico X verso lo stato fisico Y che genererà B. Naturalmente lo stato ambientale Y deve essere rilevante per il vivente. Noto che quasi sempre lo stato cerebrale A costituito da due oggetti: A', che chiamerò agente e P, che chiamerò paziente. A' provoca la trasformazione di P in P'. E sempre vero che ad A segue B ma A va visto come A'+P e B di norma va visto come A'+P'. La presenza di una causa della trasformazione è così usuale da far parte del modo di ragionare dei bambini, i quali, quando succede qualcosa, vanno subito a cercare "chi è stato". Inoltre, nell'uomo ma anche negli animali, la causa della trasformazione attira l'attenzione attraverso dei dispositivi neurofisiologici, che agiscono in modo automatico, molto studiati nell'occhio, basati sostanzialmente sulla variazione dello stimolo. Dunque la definizione primitiva, pur rimanendo legittima, va adatta a questo operare cerebrale. L'agente permette di prevedere se e come il paziente si evolverà in un certo stato finale. Per esempio, la situazione A è costituita da due oggetti: una forma di formaggio e un topo. Se il topo (agente) si avvicina alla forma di formaggio (paziente)si può prevedere che essa risulterà diminuita e rosicchiata, ovvero trasformata. Al fine di realizzare la previsione il cervello distingue nella situazione X un agente e un paziente: l'importante è la trasformazione del paziente, da questa deriva il beneficio o il danno. Nel linguaggio naturale si dorrebbe trovare il riflesso di questo processo, dovrebbe essere chiaro chi fa l'azione e chi la subisce, trasformandosi, che è il fatto più importante. Infatti si stanno scoprendo sempre più prove che nelle lingue antiche, l'agente e il paziente avevano un ruolo essenziale ed erano riconoscibili o dal posto nella frase, o da un suffisso,... Queste lingue sono dette ergative e sono il diretto portato dei meccanismi attenzionali e, più in generale, dalla necessità del cervello di predire. Nelle lingue indoeuropee, non solo in quelle moderne, ma già nel latino, nel greco antico, nell'antico slavo,.... il caso ergativo era sparito, ma rimangono ancora tracce che fanno presumere (ai competenti) che l'antico protoindoeuropeo fosse una lingua ergativa. Le lingue ergative, pur in forte regresso non sono del tutto scomparse, un esempio in Europa è dato dal basco, oltre che da qualche lingua caucasica. Queste lingue, a mio avviso, proprio perché antiche erano più vicine al funzionamento cerebrale delle lingue moderne, anche se è stato dimostrato, con esperienze neurofisiologiche che l'attività cerebrale nel formulare pensieri nelle lingue ergative è maggiore e quindi più faticosa che non nelle lingue senza questo caso. Forse una questione di minimizzazione dello sforzo ha prodotto la loro agonia. In un ipotetico italiano ergativo dove l'agente e il paziente fossero marcati, per esempio, con la finale A per l'agente e con la finale P per il paziente, la frase il topo mangia il formaggio, avrebbe forma: il topoA (agente) mangia il formaggioP (paziente). E' cruciale notare che in tali lingue il soggetto del verbo intransitivo è trattato come il paziente del verbo transitivo. La frase la pentola (soggetto) scoppia (verbo intransitivo in forma attiva) diventerebbe nell'ipotetico italiano ergativo: pentolaP scoppia. Sarebbe chiarissimo che la pentola subisce l'azione. Nell'italiano, lingua sostanzialmente nominativo accusativa, per l'analisi logica la pentola è il soggetto, che nel verbo attivo il soggetto fa l'azione. Qui la pentola, scoppiando, l'azione la subisce, quindi la pentola è sostanzialmente un oggetto! Nella lingua ergativa questa confusione non ci sarebbe, chi è il paziente è sempre chiaro. Questo riflesso dell'attività cerebrale sulla lingua conferma che per il cervello l'importante è il paziente, quello che subisce l'azione e che viene trasformato in qualcosa che può essere utile o nocivo o anche non degno di nota. Un'altra prova dell'importanza dell'importanza del paziente nelle lingue antiche e quindi nell'attività cerebrale viene ancora basco. Poiché nelle lingue non ergative il ruolo del paziente e dell'agente è evidente solo nella forma passiva, un tempo, quando i baschi, escluse le élite culturali, non avevano ancora chiara la natura della loro lingua, per spiegarla ai forestieri, dicevano che la loro era una lingua strana, dove i verbi avevano solo forma passiva. Pur nel loro errore, anche coloro che non avevano studi di linguistica, avevano notato che la loro lingua dava rilievo al paziente. L'agente è importante per prevedere il tipo di trasformazione, per fare ipotesi su essa, non è importante in se.

Non tutti i verbi però esprimono un'azione, in particolare i verbi essere e stare, sono usati per descrivere una situazione nei rapporti fra le sue parti, senza alcuna azione di sorta. Sono sostanzialmente diversi dagli altri verbi e in effetti, in certe lingue, come l'arabo, questi verbi non ci sono. Sia l'agente che il paziente, prima e dopo la trasformazione, possono essere oggetti formati da oggetti che stanno in relazione spaziale fra loro. Il verbo è una precisazione sull'agente, esso informa come esso agisce, quando lo farà, con quale probabilità. Il linguaggio naturale è comunque qualcosa di difficilmente assoggettabile a regole degne di questo nome, ovvero a definizioni operative e le grammatiche che ho letto per avere lumi sulla meccanizzazione del linguaggio, per questo fine, sono state solo fonte di frustrazione. Frustrazione che non fu solo mia, ricordo che il tentativo di realizzare la traduzione automatica usando anche la sola analisi grammaticale, il "parsing" per usare una parola inglese, nella sua più modesta accezione, eseguita mediante un programma per computer detto parser, che realizzava una o un'altra grammatica formale è stata un fallimento. Sempre in merito alle lingue certo fu l'osservazione dei nostri avi che un oggetto può presentarsi solo o in più copie, può appartenere o meno al parlante, può essere dentro o fuori altri oggetti, ... a sviluppare e ad esprimere nel linguaggio i concetti di pluralità, di apparenza, di inclusione,... sono casi frequenti associati ad un oggetto qualunque che il linguaggio deve esprimere in modo economico, non definendo parole diverse per ognuno di questi stati. Per quanto riguarda il plurale in inglese si forma normalmente aggiungendo una "s" al singolare, tooth e teeth che stanno per dente e denti, sono una rara eccezione, ma immaginate se ogni plurale fosse irregolare. In quasi tutte le lingue vi sono le radici della parola a cui si aggiungono degli affissi (che possono essere suffissi o infissi o prefissi) per spiegare queste situazioni ricorrenti o per spiegare la funzione grammaticale della parola. Anche nella lingua francese o italiana vi sono i casi singolare e plurale, il maschile e il femminile,... Anche per le conseguenze dell'azione il processo fu simile e infatti i verbi hanno i tempi e i modi, per esprimere quando l'azione avverrà, se il suo risultato sarà certo, quale sarà la sua durata,... ma vi sono delle lingue che estremizzano questo procedimento, che hanno un alto numero di affissi, ne fanno un grande uso e di conseguenza tendono ad essere regolarissime. Una di queste lingue è il giapponese, che ha un solo verbo irregolare, esse sono chiamate agglutinanti (termine che deriva dal latino e significa incollare). Il sumero era una sia una lingua ergativa sia una lingua agglutinante. Tuttavia, a mio avviso, l'agglutinazione nelle lingue non è un fenomeno così interessante come l'ergatività, perché esso è spiegabile con considerazioni meramente economiche, con tentativi differenti di ogni comunità di parlanti, non così direttamente legato al funzionamento cerebrale. Le

133

motivazioni economiche non sono proprie soltanto delle comunità ma anche del parlante, quando formula una frase, in cui combina in modo personale i nomi degli oggetti. La lingua inglese che, al momento, è la lingua più conosciuta al mondo sta perdendo le desinenze e va verso il mantenimento della sola radice della parola. Le lingue di questo tipo sono chiamate lingue isolanti, il cinese è fra queste. Le lingue isolanti non sono dunque delle rarità!

Il cervello è l'organo votato alla previsione e il linguaggio amplia questa funzione, migliorando enormemente la possibilità della la trasmissione della conoscenza attraverso l'insegnamento. Negli animali inferiori, la conoscenza viene trasmessa quasi per intero nei loro geni, man mano si sale nella scala evolutiva questo è sempre meno vero e l'uomo altro non riceve altra conoscenza innata che la capacità di succhiare il seno della madre, il resto lo deve imparare. Inoltre il linguaggio strutturato, attraverso la frase, permette di frammentare la ridondante percezione visiva isolando e valorizzando gli elementi utili alla previsione, magari minimi, trascurando il resto, che porterebbe a considerare gli elementi utili come un disturbo irrilevante. Questo rende possibile insegnare a riconoscere con precisione le situazioni importanti, non solo attraverso una singola percezione, ma descrivendole attraverso oggetti noti al discente ed anche di precisare quali siano i particolari da considerare cruciali in quella situazione, che permettono di distinguerla da situazioni simili. E' ovvio che questo richiede un bagaglio di precedenti memorizzazioni comuni a insegnate e allievo. Senza conoscenza pregressa, l'apprendimento attraverso il linguaggio, è impossibile.

Nelle pagine che seguono, non considererò il senso dell'udito nella sua capacità di esplorare il mondo ma unicamente come recettore del linguaggio attuato da un parlante. Linguaggio che verrà considerato come formato da una serie di segni, privi di ambiguità, che vengono associati alle percezioni non già di tutti i sensi, come sarebbe logico, ma alle sole percezioni visive e ai cambiamenti di stati cerebrali. Il lettore potrà facilmente generalizzare. Il titolo stesso del libro non lascia dubbi e il linguaggio sarà considerato derivare dal funzionamento meccanicistico del cervello, in particolare di un apparato concettualmente realizzabile che chiamerò dispositivo di controllo, del quale, mi dispiace dire, non ho evidenze neurofisiologiche. Tale dispositivo, intuito anche dal Chomschy, dovrà permettere, in prima battuta, il confronto fra immagine visiva formata da una sola percezione e la corrispondente immagine memorizzata, per stabilire con quale probabilità esse siano uguali o diverse e procedere ad altra operazione cerebrale, che potrebbe essere il richiamare un'azione da compiere. Questo procedimento è identico anche per gli animali. Tuttavia l'uomo possiede il linguaggio strutturato e quindi il dispositivo di controllo dovrà controllare la corrispondenza fra un'immagine costituita di particolari collocati in certi posti, aventi certe dimensioni,... e una frase. Ciò avviene con dei comandi che fanno muovere l'occhio, lo mettono a fuoco, ecc.. questi comandi atomici possono venire raggruppati e memorizzati in una sola parola o in parole diverse e ciò può avvenire in modi diversissimi permettendo il formarsi di una grande varietà di grammatiche. Il dispositivo di controllo esegue questi comandi atomici in sequenza, ordinatamente, ma a volte non nello stesso ordine così come sono contenuti nella parola o nella frase, perché uno dei compiti essenziali del dispositivo di controllo è quello di riordinare i controlli, affinché con frasi diverse si possano generare gli stessi controlli sull'immagine visiva. Ogni lingua, ma in parte anche ogni parlante, raggruppa i controlli con criteri assolutamente opinabili, variabili e genera frasi differenti per descrivere la stessa immagine. Più che analizzare in dettaglio come si realizzi il legame fra frase e immagine attraverso delle formule logico-matematiche, ritengo importante descrivere operativamente i dispositivi il cui funzionamento sia tale da produrre questo funzionamento cerebrale. Per questo occorrono nuove ipotesi, ma esse sono dettate dal buon senso. Per esempio, se si induce l'occhio umano a guardare in alto, per esempio, facendogli seguire il movimento di un dito che sale, è sensato pensare che vi sia un apparato che emetta impulsi che vanno ai muscoli dell'occhio e lo fanno ruotare nel verso opportuno. Nel contempo può essere pronunciata la parola "su" che memorizza questi impulsi, che riferendosi ad un unico dispositivo, chiamerò impulsi atomici. L'occhio sale se gli giungono questi impulsi, sia che provengano dal detto apparato ma anche in esito all'emissione dei medesimi impulsi memorizzati, per esempio, nella parola "su". Naturalmente vi è tutto un processo attenzionale inconscio e automatico che attira l'occhio sul dito in movimento, lo mette a fuoco e glielo fa seguire ma quello che ora interessa sono gli impulsi che lo fanno ruotare. Il lettore può facilmente generalizzare e adattare il discorso ad un congegno da lui costruito ma la rotazione forzata dell'occhio avverrà sempre inviando agli attuatori impulsi adatti, che potranno venire memorizzati. Ogni dispositivo, compreso il dispositivo di controllo, può essere indotto a compiere un'operazione da degli impulsi. Se essi sono memorizzati, per esempio, in una parola, che pronunziata li emetterà, il dispositivo rifarà quell'azione. Una frase potrebbe anche essere controllata nella memoria e non solo sul mondo. E' un argomento che devo ancora sviluppare. Fin d'ora però posso concludere che le varie grammatiche dei linguaggi naturali non possono essere ridotte alla logica matematica, a dei sistemi formali: una frase non è una formula ben formata, essa è legata al funzionamento dei sensi e del dispositivo di controllo, che lasciano spazi a incompletezze e contraddizioni alle quali l'uomo rimedia con la conoscenza pregressa. Vorrei infine esplicitare che non ho effettuato sperimentazioni sulla meccanizzazione del linguaggio per mancanza di un apparato che si possa collegare al mondo e della mia capacità di costruirlo. Quanto segue ha quindi valore ipotetico.

1. Il riconoscimento vocale.

Di solito sulle grammatiche si legge che i fonemi sono le più piccole unità di suono e consentono di formare le parole della lingua. I grafemi o lettere, invece sono segni per rappresentare i suoni. Costruire una macchina che trasforma un fonema in un grafema, significa riconoscere che quel suono è una certa vocale o una certa consonante, è difficile e al momento è un problema concettualmente irrisolto (dico concettualmente perché i sistemi di riconoscimento vocale ci sono e funzionano benino, se non bene). Al momento (2017), che io sappia, per riconoscere i grafemi nei fonemi, si prende l'onda acustica che esce dalla bocca, la si trasforma con un microfono in un segnale elettrico, che dipende dall'intensità della pressione dell'onda sonora nel tempo, lo si fraziona in segmenti temporali, largamente sovrapposti e si suppone che queste frazioni d'onda (di breve durata, pochi centesimi di secondo) siano costituite ognuna dalla somma di onde sinusoidali, di diversa ampiezza e frequenza, ottenute con dei procedimenti di calcolo numerico che hanno per base una formula matematica ottocentesca dovuta al Fourier. Tali somme di sinusoidi si chiamano spettri e si suole formare dei diagrammi aventi per ascisse le loro frequenze e per ordinate le loro ampiezze. Purtroppo si nota che lo spettro   dello stesso fonema è diverso a seconda del parlante e della parola in cui è inserito. Questa osservazione è verissima per le consonanti, forse un po' troppo severa per le vocali. Uno studio concettualmente interessante dovrebbe cercare caratteristiche che rimangano costanti per ogni fonema, invece si preferisce memorizzare i loro spettri. In questo modo si ottengono eccellenti risultati pratici, pur dovuti ad euristiche, supportate dalla potenza dei moderni calcolatori. Il lettore interessato a questa argomento,   dovrebbe avere chiara la rappresentazione matematica dell'onda, studiare qualcosa sulla serie di Fourier, qualcosa di calcolo numerico e in particolare la fast Fourier transorm, che velocizza i calcoli e qualcosa sul modello di

Markov, per il calcolo della probabilità. Per sommi capi, un sistema di riconoscimento vocale d'uso commerciale funziona così (nell'anno 2017): in fase di addestramento memorizza tantissimi spettri di frequenze per ogni fonema, che derivano da parlanti diversi e contenuti in parole diverse. Inoltre il sistema memorizza dei dati statistici quali la probabilità che in un fonema sia un certo spettro. Alla fine dei confronti il sistema riconosce, cioè associa il grafema al fonema, in base alla massima probabilità degli spettri suoi componenti. Infine riconosciuti probabilisticamente i fonemi, la parola deve stare nel vocabolario della lingua predefinita e anche nel contesto della conversazione, indefinibile in assoluto ma anch'esso delimitato da euristiche. Non ho spiegato la scelta della trasformazione del segnale in uno spettro di frequenze e neanche perché queste si calcolino su segmenti temporali così piccoli. Mi sono limitato a riferire. Sono lontanissimo da questo modo di lavorare, non che sappia fare di meglio e neanche ci abbia provato perché mi sono sempre concentrato sulla visione dove ho individuato negli angoli gli invarianti delle forme ed ho sviluppato quest'idea. Questo perché è soprattutto con l'occhio che gli uomini stanno in contatto con il mondo esterno e se ne formano il modello predittivo. L'udito ha un'importanza minore per conoscere il mondo e non ho voluto e potuto spendere sforzi ed energie per rincorrere uno scopo secondario. Nei limiti che mi sono imposto il sistema uditivo ha soltanto utilità per linguistica. Tanto varrebbe eliminarlo e passare alla parola scritta con caratteri tipografici di inequivocabile riconoscimento. Pertanto considero, per i miei fini, il problema risolto. Chiamerò decodificatore il dispositivo che lo realizza.

2. La struttura dell'area linguistica del cervello.

Con il termine fonema intenderò una codificazione ha lo stesso contenuto di informazione del grafema, ovvero suppongo che la lettera "n" pronunciata genera lo stesso fonema, indipendentemente dal suo posto nella parola, dall'onda sonora che la genera e dallo spettro che si può trarre da essa. I fonemi sono in numero limitato e ognuno di essi ha un suo indice, ovvero un suo numero cardinale. Volendo, essi possono pensarsi come le uscite del decodificatore. Nel modello di cervello che propongo, assumo che l'udito si limiti a ricevere il suono del parlato e a ricavare i fonemi di quanto un'altra persona pronuncia. Ho detto che il problema è praticamente risolto dagli apparecchi commerciali per il riconoscimento del parlato. Non ho approfondito la questione perché per i miei fini i grafemi, che avrebbero la stessa funzione, potrebbero essere inseriti con una tastiera. Il passaggio dall'indice del fonema alla sua pronuncia vocale è possibile ed è stato risolto con molta più facilità del processo inverso. Ovviamente non si deve pretendere la dizione di un attore. L'area linguistica del cervello è costituita da celle come quelle in fig. 68, poste in scala gerarchica. Il piano più basso, lo 0, corrisponde alle celle dei fonemi. Ogni fonema ha una sua cella e il contenuto della sua riga delle caratteristiche è prestabilito e immutabile. Gli indici delle celle dei fonemi, raggruppati in modo arbitrario, costituiscono il contenuto della riga delle caratteristiche delle celle sillabe e le celle sillabe formano il piano 1. Gli indici delle celle sillabe,raggruppati in modo arbitrario, costituiscono il contenuto della riga delle caratteristiche delle celle parola e le celle parola formano il piano 2. Gli indici delle celle parola, raggruppati in modo arbitrario, costituiscono il contenuto della riga delle caratteristiche delle celle frasi e le celle frasi formano il piano 3. Ecc..., ecc... Questi nomi sono tratti in analogia con quelli usati nelle grammatiche. Escluse le celle fonema, che hanno la riga della caratteristiche prefissata e possono pensarsi collegate al decodificatore, le altre celle hanno la riga delle caratteristiche inizialmente vuota, che può contenere solo un numero limitato di elementi. Questa ipotesi deriva dall'osservazione che nel linguaggio umano non vi sono parole lunghissime. Le caratteristiche delle celle del sistema uditivo, possono essere scritte come:

$$a, p_a, \; b, p_b, \dots\dots, n, p_n \qquad (3)$$

con a,b,...,n si intende l'indice di una cella del sistema uditivo e p_a ,p_b ,......, p_n le persistenze di tali indici. Il livello uditivo ha una struttura gerarchica perché le celle dello strato superiore possono avere nella riga delle caratteristiche solo gli indici delle celle dello strato inferiore. Nelle righe di memorizzazione della cella si conservano successioni di indici analoghe a quelle della (3), tuttavia gli indici non sono solo quelli del sistema uditivo ma sono indici di qualunque livello del cervello e di qualunque piano del livello uditivo. Vorrei rimarcare la sostanziale differenza fra i piani del livello uditivo e gli strati del livello visivo. Nel livello visivo lo strato superiore deriva dalla contrazione degli elementi dello strato inferiore e quindi la contratta superiore rappresenta una generalizzazione di quella inferiore. Nel livello visivo gli strati stanno tutti in una sola cella, ognuno di essi contiene una contratta, insieme formano la configurazione e sono le sue caratteristiche. Nel livello uditivo il piano superiore è formato da celle le cui caratteristiche sono una raccolta di indici delle celle del livello inferiore. Questa raccolta non avviene in base a un algoritmo anzi in linea di principio può essere inopinata, non c'è alcun intento di generalizzazione nel passare da una parola ad una frase. Vorrei inoltre rimarcare che la (3) ha un inizio e una fine. Per esempio se le caratteristiche di una cella parola sono, tralasciando le persistenze: 12,47,52,19 esse si riferiscono a una specifica cella, diversa dalla cella che ha come caratteristiche 45,12,47,52,19,66, anche se questa successione include la precedente. Il parlante, quando deve insegnare una parola, la pronuncia separandola dalle altre con lunghe pause temporali, quando la riga delle caratteristiche sarà memorizzata invece le pause non saranno più importantissime. Le pause oltre che essere indispensabili per le parole, servono per definire le frasi e i periodi, per le sillabe invece pare abbia provveduto la natura in quanto esse corrispondono a un crescendo di intensità sonora, che cessa abbastanza bruscamente per dar luogo al crescere dell'intensità della sillaba successiva.

3. Emissione spontanea e stimolata.

Nel cervello biologico corrono molecole, impulsi elettrici, si formano delle sinapsi, ecc... con essi avviene la trasmissione delle informazioni. Nei computer vi sono impulsi elettrici. In uno scritto, come questo, di carattere generale, non è necessario precisare il supporto fisico dell'informazione. Basta dire, per esempio la cella di indirizzo i è eccitata quando nel cervello circola l'informazione l'informazione che richiama l'indirizzo i oppure circola l'informazione che richiama le caratteristiche contenute nella zona delle caratteristiche della cella. Tale informazione può essere emessa da una cella, dai sensi o da un dispositivo adatto allo scopo. Sempre per esempio, la cella in fig. 68, può generare un'emissione dalla sua zona di memoria, tale da richiamare la cella x (la cella che ha indice x) attraverso il suo indice ed eccitarla. Altrimenti, se la cella x è una cella parola, si può dire la parola i cui fonemi siano le caratteristiche della cella uditiva x, che in tal modo sarà eccitata. Una cella può essere da debolmente a fortemente eccitata. L'eccitazione può essere fatta variare attraverso processi cerebrali concettualmente meccanizzabili, che, nell'uomo, si attivano anche volontariamente. Una cella fortemente eccitata attraverso il suo indice emette spontaneamente (emissione spontanea) l'informazione che ha in memoria, a partire dalla riga che ha potenza maggiore; questa, per le celle del livello uditivo, è quasi sempre la riga delle caratteristiche, l'ultima; poi ve ne sono le altre, della zona di memoria, ognuna con

141

la propria potenza. La potenza della riga si calcola sommando le persistenze degli elementi della riga. Se la cella è eccitata attraverso le sue caratteristiche, il suo indice potrà venire memorizzato e sarà la riga della zona di memoria che ha potenza maggiore ad essere emessa. Rimarco la differenza fra righe della zona di memoria e riga delle caratteristiche della cella. Poniamo, per esempio, di avere lo stesso insieme I di indici di fonemi memorizzato nella riga delle caratteristiche della cella x, anche memorizzato in una riga di memoria della cella y, diciamo nella riga u. Qualora questo insieme I "passi"nel cervello, per esempio perché è stata udita la parola che contiene quei fonemi, ad essere eccitata sarà la cella x, non la cella y che ha la loro copia nella zona di memoria. Invece se nel cervello circolano alcuni degli indici dei fonemi di I, essi ecciteranno poco la cella x, perché per eccitare questa ci vorrebbe tutto l'insieme. Un altro discorso va fatto per la cella y, se essa fosse eccitata nel momento in cui nel cervello circola parte di I, questa le farebbe emettere tutto il contenuto della sua riga u, ovvero tutto I, anche se u non è la riga di potenza massima. In questo caso si parla di emissione stimolata, che prevale e inibisce quella spontanea di altre righe della cella di memoria, con potenza maggiore. L'eccitazione di una cella avviene anche in presenza dell'informazione parziale contenuta nella riga delle sue caratteristiche. In tal caso non è un'eccitazione forte ma può essere assommata con una debole eccitazione della cella ottenuta, per esempio, attraverso il suo indice. Sempre per esempio, a livello visivo, se si cerca nell'ambiente un oggetto, si può eccitare parzialmente, attraverso il suo indice, la cella che ne contiene le caratteristiche in modo che anche una parte di immagine di quell'oggetto scorta in natura o le sue sole contratte alte, ottenute dalla visione periferica, aumentando l'eccitazione della cella, la portino allo stato fortemente eccitato e quindi all'emissione. Una cella perde la sua eccitazione in un certo lasso di tempo, con un andamento da definire in modo quantitativo. Anche la cancellazione

142

degli elementi della riga di eccitazione della cella, che certo è legata alla loro persistenza è da definirsi in modo quantitativo. La cella può essere mantenuta eccitata attraverso attraverso opportuni processi cerebrali, concettualmente meccanizzabili. Per quanto la regolazione dell'eccitazione avvenga con processi cerebrali, si può dire che la cella sia fortemente eccitata da impulsi che vengono dai sensi, meno eccitata dagli impulsi derivano da ricordi. In un contesto di analogie vi sono delle differenze fra le celle del sistema visivo e quelle del sistema uditivo, dovute alle loro diverse funzioni, che nell'uomo sono evidenti. Nell'uomo l'udito non ha sostanzialmente   la funzione di esplorare e conoscere il mondo ma è volto a ricevere le informazioni che gli comunica un altro parlante e viceversa. Il mondo è conosciuto soprattutto attraverso la vista.   Certo, una persona riconosce una mucca o una capra in base ai loro versi ma ciò è un compito residuo dell'udito, entro una chiara tendenza evolutiva, da cui emerge che esso è volto alla comprensione del linguaggio parlato. Nell'uomo l'apparato vocale è strettamente collegato al sistema uditivo cerebrale e permette la trasmissione di contenuti informativi di origine cerebrale ad un altro uomo. Il sistema visivo non ha un apparato analogo a quello vocale, l'informazione fra due cervelli avviene attraverso la voce, non attraverso l'emissione di immagini. Diversamente a quanto succede nell'uomo il ruolo del sistema uditivo negli animali superiori è soprattutto, nei suoi limiti, quello di esplorare l'ambiente, sono pochissime le informazioni che l'animale trasmette attraverso il suo apparato vocale, non disponendo di un linguaggio articolato, né del cervello adatto a generarlo. Mentre ha senso ipotizzare che una forte eccitazione di una cella uditiva, attraverso il suo indice produca l'emissione della sua riga delle caratteristiche, ha senso supporre che una forte eccitazione di una cella visiva generi l'emissione della configurazione, che sono le caratteristiche dell'immagine? Direi di no e concordemente a questa supposizione, nelle configurazioni non si conserva la "fotografia" della forma bensì le caratteristiche che permettono di riconoscerla. E' però possibile la memoria visiva: se si osserva la stessa, precisa, identica figura tante volte, le contratte basse, quelle poco elaborate, sono rafforzate e contengono l'informazione atta a ricordare la "fotografia" di quella figura. Inoltre si può modificare la funzione di memorizzazione in modo da ottenere la memorizzazione delle contratte meno elaborate. Disegnare una figura ricordandosela è comunque una dote che possiedono in pochi e alla quale dunque l'evoluzione ha dato poca importanza, a mio avviso, proprio perché la comunicazione fra cervelli non avviene per immagini.

4. La formazione dell'oggetto.

Supponiamo che una cella fonema sia eccitata attraverso un suono e che contestualmente una cella del sistema visivo sia eccitata attraverso un'immagine, isolata in visione centrale. La cella del sistema visivo memorizza l'indice di quella del sistema uditivo nella sua zona di memoria e viceversa quella del sistema uditivo memorizza l'indice di quella del sistema visivo nella sua zona di memoria. In futuro, vedendo la stessa immagine la cella del sistema visivo emetterà l'informazione atta a trovare l'indice della cella del sistema uditivo e ad eccitarla. Nel caso più semplice, la cella del sistema uditivo emetterà il contenuto della sua riga delle caratteristiche: il fonema, che sarà facile trasformare in suono. Viceversa, in futuro udendo il suono, si eccita la cella di quel fonema e se questa emette l'informazione dell'indice della cella del sistema visivo e ne consegue l'eccitazione parziale di questa cella immagine, quindi se anche solo una modesta eccitazione di tale cella venisse dall'occhio, perché vede una parte della figura, perché la vede in visione periferica, quindi ne percepisce solo le contratte alte, tanto basterà ad eccitare ulteriormente tutta la cella facendole emettere (di norma) l'indice della cella dell'immagine. Quindi anche se l'oggetto è in parte nascosto, se è immobile,... esso può venire isolato e riconosciuto.

Nell'uomo, formazione dell'oggetto e linguaggio (che per ora ho limitato ai fonemi) sono strettamente legati. Negli animali superiori penso che il ruolo che ha il linguaggio non strutturato nell'uomo circa la formazione dell'oggetto sia svolto soprattutto dagli odori. Se l'immagine di un altro animale e il suo odore sono memorizzati contemporaneamente, avviene lo stesso processo descritto sopra per l'oggetto e il fonema. In seguito l'odore dell'altro animale richiamerà nel cervello del primo la sua immagine. Tuttavia il paragone non è perfettamente calzante perché ritengo che 1) negli animali, anche in quelli superiori, l'odore sia importante in sé per riconoscere l'oggetto mentre la vista serva sopratutto per localizzarlo e raggiungerlo. Questa affermazione diventa sempre più vera man mano si scende nella scala evolutiva. Inoltre 2) gli animali non possiedono un linguaggio articolato e una struttura simile non si riscontra fra gli odori. Per essi si può dire che discernono gli odori molto meglio dell'uomo: l'elefante, per esempio, ne distingue circa 8000. 3) Infine come l'odore è spesso proprio della cosa, a volte lo è anche il suono, per esempio il verso della gallina. Invece nell'uomo il fonema scelto per memorizzare l'immagine è convenzionale e resta collegato all'immagine relativa a uno stato ambientale. In altre parole l'animale, il gatto per esempio, associa la forma del topo al suo odore, l'odore è un fatto naturale, indipendente dalla volontà del gatto. L'uomo associa la forma del topo a un suono arbitrario: topo, rat, mouse, giari (in piemontese), che poi usa nella sua comunità. Anche se suppongo che l'onomatopeia abbia svolto un gran ruolo nella formazione del linguaggio degli uomini primitivi. Ho usato parole e non fonemi, a titolo di esempio, per chiarire la questione. Ritornando ai fonemi, lo stesso fonema, arbitrario, pronunciato una seconda, una terza,... volta richiamerà la stessa cella visiva che sarà costretta a memorizzare lo stato ambientale sovrapponendolo a quanto già memorizzato le volte precedenti e avverrà l'affinamento dell'immagine attraverso i normali metodi conosciuti nelle reti neuronali. Per questo un buon insegnate (umano) mostrerà al discente (umano) cose (che ritiene) somigliantesi, confidando inconsciamente nel fatto che docente e discente hanno cervelli uguali e che vedono somigliantesi le stesse cose. Invece un cattivo insegnate può attribuire lo stesso nome a cose assolutamente diverse in tal caso vi sarà, a causa del funzionamento della della rete neuronale, la cancellazione quasi totale delle caratteristiche memorizzate, salvo il generarsi di omonimie. Ho già parlato di queste cose nella parte del libro che riguardava la visione. La formazione di un oggetto senza fonema (o odore) è possibile ma mi pare di poter escludere questo modo di procedere. Non mi sembra la strada scelta natura: il gatto una seconda volta che si presenta il topo, prima di vederlo, avrà la stessa cella visiva parzialmente eccitata, richiamata dal suo odore e la memorizzazione delle caratteristiche del secondo topo avverrà nella stessa cella. Anche se l'odore in se ha gran peso nel riconoscimento, forse più della sua immagine. La letteratura è piena di padroni di cani che sono stati sbranati dalle loro bestiole perché avevano addosso un odore sconosciuto. Il primo caso che conosco è riportato dall'aneddotica che cita in merito Eraclito di Efeso (535 – 475 a. C.), che fu sbranato dai suoi cani, che non lo riconobbero in quanto egli, per curare una sua malattia, si era immerso nel letame in fermentazione. Forse la memorizzazione del volto della mamma nel neonato avviene anche attraverso il suo l'odore. L'oggetto può essere visto da diverse prospettive, che formano immagini diverse ma che sono memorizzate nello stesso nome; infatti se gli angoli sono invarianti per le rotazioni che avvengono nel piano perpendicolare alla congiungente fra l'oggetto e l'occhio, parimenti reggono bene la rotazione che occulta facce del solido, quindi non basta ruotare di pochi gradi l'oggetto (solido) per avere caratteristiche diverse. Nel progettare il software occorrerà tenere conto di come registrare le diverse viste dell'oggetto sotto lo stesso nome e anche fare attenzione a distinguere questo caso dall'omonimia. Omonimia a parte, si può veramente imporre di registrare in celle visive diverse ma con lo stesso nome le prospettive che hanno le contratte uguali da una certa contratta in su. Per inciso dirò che il "ruotare" di un oggetto è una trasformazione richiama specifiche cellule del sistema visivo umano che danno la percezione della rotazione. In altre parole, quella che noi vediamo come rotazione è infatti l'eccitazione di queste celle in esito a una specifica trasformazione dello stato ambientale.

Il contorno della silhouette è di solito il primo che si forma a causa del movimento e permette di isolare la figura in visione centrale, in seguito si formano i contorni interni, dalle macchie di colore entro l'oggetto principale, che vengono portate anch'esse in una visione che ha convergenza minore della precedente e delle quali vengono estratti i contorni. I contorni sono normalmente chiusi, specie quelli esterni, a meno che la macchia di colore abbia un contorno netto da una parte e sfumato dall'altra, caso in realtà assai raro. Potrebbe trattarsi di una nuvola. A livello cerebrale una figura tenderà sempre a chiudersi, anche espandendo in lunghezza le linee dove il gradiente è massimo, anche dove il gradiente non esiste più, attraverso un aumento della sensibilità atto a rilevare il gradiente.

Per inciso, ritengo che possa spiegarsi una delle leggi delle Gestalt che vuole che gli oggetti abbiano contorni chiusi e precisi. Si deve notare che questo capita usualmente per i solidi mentre è meno vero per le nubi, per l'acqua. Penso che la chiusura dei contorni nei solidi derivi dalla necessità di definire l'ingombro del corpo solido onde poterlo schivare ed evitare di colpirlo facendosi male. Quindi la necessità della chiusura del contorno emerge dalla necessità della localizzazione del corpo solido più che da esigenze di riconoscimento, per la quale i contorni completi, anche nel mio modello, sono auspicabili ma non indispensabili. Il cervello attraverso l'evoluzione ha imparato a riconoscere i solidi, contro cui non si deve urtare, perché essi fermano la luce, si vede dove sono e ci si può regolare di conseguenza. E' ovvio che vi sono eccezioni, rare però e di solito artificiali, che non hanno contribuito all'evoluzione, il vetro, per esempio, di cui sono fatti i finestroni, su cui spesso si schiantano gli uccelli. La necessità di avere contorni precisi in un ambito di enormi variazioni luminose e modeste variazioni della scarica è risolta con un'operazione differenziale e alla convergenza propria del sistema visivo, con l'inesattezza che comporta, si rimedia con l'informazione connessa al campo recettivo delle cellule complesse. Sbaglierò ma la sensazione del rilievo, che si forma quando i contorni sono malsicuri e quindi può precedere la loro formazione e non richiede la memorizzazione in un nome o in un odore, è forse un residuo del funzionamento del primigenio apparato visivo corticale che non era costituito per riconoscere le cose ma per localizzarle.

Il processo di accrescimento dei contorni è progressivo e inizia dove il gradiente è maggiore. E' bene aiutare il cervello in quest'opera ed infatti gli oggetti che vengono mostrati ai bambini piccoli hanno contorni netti, prodotti da colori diversi e non sfumati. Chiedendo a un bambino di descrivere i corpi solidi egli dirà che i solidi normalmente hanno contorni chiusi, sono duri, pesanti. In realtà queste sono le sensazioni che producono e che convergono in un'unica memorizzazione. Concordo con Ernst Mach nel definire l'oggetto un fascio di sensazioni, aggiungo che l'oggetto appare sempre lo stesso, o simile, se esso è passibile di uno sviluppo verso lo stesso fine. La selezione naturale ha realizzato un sistema nervoso tale che elabora l'informazione in modo da far percepire identici gli oggetti, del contesto in cui si evolve l'uomo, che si sviluppano in modo da fornire al vivente lo stesso beneficio o danno. In seguito partendo da questa struttura cerebrale l'uomo procede a generalizzazioni e astrazioni. Un sotto-oggetto interno alla silhouette, si forma allo stesso modo ed eventualmente si può dargli un nome. Quando i sotto-oggetti interni sono formati, vengono messi in relazione fra di loro da cambiamenti di stato cerebrali i più evidenti dei quali sono i moti oculari. I moti oculari collegano due oggetti con una linea avente una certa angolazione misurata rispetto, per esempio, all'orizzontale. Di solito l'oggetto è visto in una certa posizione, per esempio, un volto è quasi sempre visto con i capelli in alto e il mento in basso, quindi l'angolazione del segmento che collega orecchio e bocca in un profilo è grosso modo costante perché presume i capelli in alto. Poi si può prevedere una rotazione dell'oggetto rispetto alla sua posizione usuale, in tal caso tutti gli angoli che formano le linee che collegano i sotto oggetti saranno tutti aumentati o diminuiti nella stessa misura. In neurofisiologia il fenomeno è stato studiato e sono stati misurati i tempi per riconoscere un oggetto ruotato. Con lo stesso procedimento usato per isolare gli oggetti interni si possono trovare ulteriori oggetti, interni a quest'ultimi, fin quando è possibile portarli in scala. I cambiamenti di stato cerebrale possono avere un nome, per esempio "sopra" può essere il nome di un moto oculare, "dentro"il nome del passaggio da una scala minore a una maggiore,... Per le zone articolari il discorso è identico a quello dei sotto-oggetti. Cambiamenti di stato cerebrale condurranno dall'immagine dell'uomo a quella della gamba. La presenza di questi sotto-oggetti interni può essere o meno costante: ogni volta che si presenta l'oggetto che li include ci sono anche loro oppure no, o almeno non tutti. A volte la presenza di un sotto-oggetto può essere determinante per riconoscere l'oggetto. Davanti al nome di questi sotto-oggetti si possono mettere delle diciture tipo: "a volte", se seguito dal nome del sotto-oggetto e allora... In tal modo si forma una frase che descrive l'oggetto e i suoi componenti. Dunque il riconoscimento avverrà anche attraverso i sotto-oggetti, attraverso la loro esistenza, la loro importanza e le relazioni spaziali fra di loro. Questo sarà descritto da una frase, dove i sotto-oggetti e i cambiamenti di stato cerebrale con cui sono collegati hanno dei nomi.

5. La formazione della parola.

Supponiamo che nel sistema uditivo del cervello non vi sia nessuna cella con delle memorizzazioni nella riga delle caratteristiche, ovviamente questa ipotesi non riguarda le celle dei fonemi, ognuna delle quali nasce con registrato il proprio fonema e sono connesse al decodificatore. Supponiamo poi che sia pronunciata una parola, intesa come una successione di sillabe a loro volta successione di fonemi. Per semplificare il discorso si può saltare il piano delle sillabe e considerare i fonemi come caratteristiche delle parole. Basterà avere l'avvertenza di considerare le pause fra le parole. L'informazione degli indici dei suoi fonemi circola nel cervello e non trova alcuna coincidenza in quanto le righe delle caratteristiche delle parole sono tutte vuote. Ipotizzo che in tal caso intervenga un dispositivo, che senz'altro è un dispositivo attenzionale, perché collegato alla variazione del suono, che predispone una cella di indice i del primo piano (già secondo, senza l'ipotesi dello scavalcamento delle sillabe) del livello U affinché la sua riga delle caratteristiche possa accettare la registrazione degli indici dei fonemi della parola pronunciata. Supponiamo che la stessa parola venga ripetuta. Stavolta vi è coincidenza fra l'informazione che circola nel cervello e quella dell'ultima riga della cella precedentemente memorizzata. La cella parola viene eccitata, non più dal dispositivo, ma attraverso la riga delle caratteristiche e le persistenze dei fonemi della riga rafforzate. Una nuova parola, mai sentita, ovvero che non trova corrispondenza nelle righe delle caratteristiche delle altre celle, attiva il dispositivo che le fa seguire il destino visto per la prima parola memorizzata: essa va in una cella vuota, predisposta, con procedura facilmente meccanizzabile. In altri termini il dispositivo si

150

attiva ogni volta che c'è da memorizzare una parola mai sentita.
Vi è una fondamentale differenza fra parole e sillabe: ogni sillaba ha i
suoi fonemi (sempre quelli!), pertanto quando la sillaba è stata
pronunciata è facile trovarla in memoria o dire che non c'è. Inoltre le
sillabe hanno una struttura fonetica che permette di individuare quale
sia il loro inizio e quale sia la loro fine. Le parole no, di solito, in
quasi tutte le lingue, hanno una parte fissa e una parte variabile e per
essere individuate hanno bisogno (almeno in fase di apprendimento)
di essere racchiuse fra due pause. Le due pause sono necessarie per
memorizzare l'insieme dei fonemi nella riga delle caratteristiche
della cella parola anche se la parola non avesse parti variabili.
Altrimenti la parola sarebbe una stringa di fonemi di lunghezza
inopinata, variabile ogni volta, richiamante ogni volta una cella
diversa e quindi non memorizzabile. La cella parola deve avere la
riga delle caratteristiche rigorosamente costante. Quindi, applicando
questo ragionamento, le parole casa e case, occuperebbero due celle
parola diverse. Questo non sarebbe un processo economico, per
esempio un verbo regolare italiano forma decine di parole diverse,
camminai, camminerei, camminassi,... per questo sorge la necessità,
conclamata da tutte le grammatiche, di distinguere fra parte fissa e
parte variabile della parola, per ridurre la necessità a una sola cella
per la parte fissa e di una sola cella per ognuna delle parti variabili,
da associare alle parti fisse delle altre parole. Non è banale riuscire
far distinguere al computer la parte fissa della parola da quella
variabile, con un metodo human like: "barr-" è la parte fissa di barra
e barre ma "can-" non è la parte fissa di cane e di canne. Le
grammatiche, che pur son tante e differenti fra loro, grosso modo
convengono che la parte fissa della parola ne definisce il significato
e la che parte variabile lo precisa. Questa definizione sembra
spiegare l'esempio precedente, infatti "barr-" contiene in significato
di barra e barre, la "a" e la "e", precisano se le barre sono una o più,
mentre "can-" non contiene il significato di cane e canne. Purtroppo

la definizione di significato è vacua, è una metafora, perché sono passati circa 2500 anni da quando Eraclito di Efeso si pose per primo il problema di che cosa dovesse intendersi con questa parola e anche se da allora si sono spese grandi energie intellettuali nessuno ha, ad oggi, un'idea chiara, ovvero meccanizzabile, del concetto che essa esprime. Poiché è indispensabile, entro anch'io nell'agone e propongo una mia definizione, ovviamente operativa. A mio avviso ci si trova in una situazione analoga alla formazione dell'immagine e alla necessità di affinarla, solo che ora i ruoli sono invertiti: là si associava un fonema (o un odore) ad una cella immagine, ogni volta che si pronunciava quel fonema (o veniva percepito quell'odore) veniva richiamato l'indice di una cella immagine, sempre la stessa, che memorizzava quanto veniva percepito dall'occhio. In tal modo la memoria della cella immagine veniva affinata, con i processi tipici delle reti neuronali. Se invece è una certa immagine a richiamare una specifica cella parola e contestualmente viene pronunciata una parola, i cui fonemi si discostano poco da quelli che sono nella riga delle caratteristiche della cella, i fonemi che corrispondono avranno la persistenza aumentata, quelli che non corrispondono no e dopo alcune volte si potranno eliminare con una sogliatura. Consideriamo, per esempio, la parola matita che pensiamo memorizzata nella cella i del livello U e la sua immagine la pensiamo memorizzata nella cella j del livello V. Vista la matita la cella j emetterà l'indice i, che ecciterà la cella che contiene nella riga delle caratteristiche i fonemi matita. Se contestualmente viene pronunciata la parola matita, le potenze di tutti i fonemi saranno aumentate ma se durante l'eccitazione della cella i viene pronunciata la parola matite, solo i fonemi "matit-" avranno potenza aumentata. Quindi udire alternativamente matite e matita durante l'eccitazione della cella i porta al rafforzamento dell'insieme di fonemi "matit-" e alla possibilità di cancellare il fonema a oppure il fonema e dalla riga delle caratteristiche della cella i. Non importa che la parte variabile della riga delle caratteristiche sia lunga o breve, o se sia nella parola, o all'inizio, o alla fine, associando la parola all'immagine le potenze delle parti variabili diminuiscono. Si può predisporre affinché avvenga la memorizzazione delle parti variabili entro un'altra cella U. E' discorso che non voglio evitare, ma eventualmente posporre, perché ora mi pare possibile definire operativamente che cosa si debba intendere per significato della parola, andando ritroso, attraverso la formazione della sua parte fissa e in accordo con la definizione grammaticale citata: senza immagine che richiama sempre la stessa cella *U*, la parte fissa della parola non si può isolare, immagine e parte fissa della parola sono collegate. Combinando la definizione che vuole la parte fissa della parola come parte portatrice del significato di questa, il significato risulta essere l'associazione della parola all'immagine e quindi ad un dato sensoriale. Con facile estensione, nel caso umano, si può parlare del significato delle parole legate all'odore, delle parole legate ai sapori,… a percezioni di altri sensi che non siano la vista: basta che essi siano associati a una parola, ovvero il loro indice sia legato all'indice della parola. L'espressione significato della parola può essere ancora generalizzata e una parola può essere definita da un'altra parola ma si rischia la metafora. Si vedrà che una parola può anche essere definita da una frase ma vieppiù ci si allontana dal mondo sensoriale vieppiù ci si avvicina al vaniloquio. Una parola tuttavia può anche essere priva di significato, asemantica direi, se questo termine non avesse una diversa accezione in linguistica; infatti una parola, ripetuta sempre uguale, ben separata da pause si può imparare perché, la prima volta, è prevista l'eccitazione automatica o volontaria di una cella atta ad accoglierla. Date due parole asemantiche magari poco diverse non si può sapere quale sia la loro parte fissa o se siano parola diverse a meno di aver studiato a memoria le parti variabili della loro lingua. Metodo che non mi pare human like. Diversamente dalla parola e trasferendo quanto ragionato sul livello visivo, l'immagine non può essere asemantica: le immagini, in natura, non sono mai uguali quindi non ha senso un automatismo per imparare un'immagine "la prima volta" poiché essa mai più si ripeterà uguale quindi è necessario un suono, un odore qualcosa che richiami la stessa cella e che permetta che l'immagini si precisi. Questo era già stato detto ora però possiamo concludere che la necessità di quest'associazione porta l'impossibilità di avere un'immagine asemantica.

Osservando il mondo fisico si nota che le situazioni tantissime, sono formate oggetti combinati in modo vario e non possono essere definiti da altrettante tantissime parole, spesso le situazioni devono essere definite attraverso un insieme di parole diverse, ognuna designante un oggetto e si forma in tal modo una frase. La frase può venire memorizzata in una cella di memoria che contenga nelle sue righe delle caratteristiche gli indici delle parole. Va notato che la riga delle caratteristiche delle celle frasi è composta dagli indici delle celle parole, quindi per formare la stringa frase, le parole devono essere formate. Inoltre la frase, soprattutto nella fase di apprendimento, deve avere un inizio e una fine, segnate da due pause. Vorrei ancora rimarcare che le celle frasi possono contenere nella riga delle caratteristiche gli indici di alcune parole, ripetute, precedute e seguite da una pausa; tali parole possono anche non potersi definire frase in senso grammaticale. Identicamente le frasi devono essere formate per essere l'indice delle celle periodo. Ecc.., ecc... Gli indici delle celle inferiori costituiscono la riga delle caratteristiche delle celle superiori se e solo se esse caratteristiche sono incluse entro due pause temporali. Più che una struttura verticale altissima che riguardi un intero lungo testo vedrei tante piramidi meno alte lungo il testo. Forse più in alto delle celle periodo non ha senso andare. Le celle frasi e ancor più le celle periodo, richiedono di essere mantenute eccitate per un tempo lungo affinché si possa formare la riga delle caratteristiche.

6. Il livello A. Le celle degli attuatori.

Muscoli, congegni fanno si che l'occhio si possa muovere da un punto all'altro della scena, possa fermarsi, possa focalizzarsi,... questi muscoli e apparati biologici sono comandati da impulsi elettrici, molecole,... che corrono nel cervello e nel cervello artificiale si possono considerare degli degli attuatori, trasposizione meccanicistica dei muscoli o anche, per estensione, di altri apparati cerebrali. Essi sono controllati da impulsi. Il livello degli attuatori è identico al livello uditivo e le celle, hanno la struttura di fig. 68. Vi sono anche delle celle analoghe a quelle dei fonemi, ognuna delle quali è connessa al suo apparato e svolge un'operazione elementare o atomica. Per esempio vi è una cella che si eccita quando l'occhio ruota a destra, un'altra che si eccita quando la sua distanza focale aumenta.... Quanti saranno gli attuatori e di conseguenza quante saranno le celle applicate ad essi, dipende da come sarà costruito il cervello artificiale ma il loro numero è finito e non grandissimo. Se l'occhio viene indotto a ruotare in su è perché lo specifico attuatore ha ricevuto un comando formato da impulsi. La cella, diciamo k, del livello degli attuatori, che ha nella riga delle caratteristiche gli impulsi per far girare l'occhio in su, si eccita. Inversamente quando tale cella k viene eccitata attraverso il suo indice la cella emette gli impulsi che fanno girare su l'occhio. In parallelo con il livello uditivo. All'eccitazione della cella del fonema "r" si giunge per opera di un suono che arriva dall'orecchio, che viene elaborato nel decodificatore e che eccita la sua riga delle caratteristiche; inversamente se l'eccitazione di tale cella avviene attraverso il suo indice, la cella tramite un procedimento concettualmente possibile, forse invertendo il processo di decodificazione, forza le corde vocali a vibrare, come vibra il timpano dell'orecchio quando riceve il suono "r". Di conseguenza il parlante profferisce il suono "r". E' pur vero che timpano e corde vocali sono degli organi distinti ma la validità concettuale del discorso non muta, è soltanto questione di opportunità costruttive. Il processo di memorizzazione è sempre lo stesso: se l'occhio viene fatto girare verso l'alto girare verso l'alto, si eccita una cella degli attuatori, per esempio la cella k. Se contemporaneamente viene pronunciata la parola "su", viene eccitata la cella parola del livello U, che ha gli indirizzi dei fonemi di "su" nella riga delle caratteristiche, diciamo che sia la cella h. La cella h memorizzerà l'indice k nella sua zona di memoria e contestualmente la cella k memorizzerà l'indice h nella sua zona di memoria. In seguito la parola udita la parola "su", l'eccitazione della cella h richiamerà la cella k, che è nel livello degli attuatori e che farà girare su l'occhio; mentre, nel caso sia l'occhio a girare in su, per esempio per seguire un dito che si sta alzando, sarà eccitata la cella k che richiamerà la cella h e l'emissione della parola "su". Vi sono poi altre celle, in analogia con le celle parola del sistema uditivo, che hanno nella riga delle caratteristiche gli indici delle celle degli attuatori, o altre ancora, superiori che hanno come caratteristiche gli indici di quest'ultime, in analogia alle celle frase. Chiamerò livello A l'insieme delle celle degli attuatori.

7. La memoria letterale.

Penso che nel sistema uditivo vi siano due tipi di memoria: una che chiamerò memoria piramidale e una seconda che chiamerò memoria letterale, argomento di questo paragrafo. Supponiamo di avere memorizzato le parole del vocabolario italiano, diciamo in 5000 celle. In queste condizioni (senza interruzioni) recitiamo: La gloria di colui che tutto move per l'universo penetra..... Dicendo "La" eccito la cella che ha quei fonemi nella riga delle caratteristiche, idem dicendo "gloria", "di",... queste celle parola hanno degli indici, che suppongo abbiano rispettivamente valore 12,23,75,132,... La cella numero 12, "La", ovvero quella che ha i fonemi "La" nella riga delle caratteristiche, viene eccitata dalla parola pronunciata, ma la sua eccitazione svanisce dopo un po' di tempo, da precisarsi con considerazioni quantitative, che suppongo sia sufficiente per memorizzare gli indici delle parole "gloria" e "di" ma non il resto della frase. Quando si pronuncia "gloria", si eccita la cella che ha nella riga delle caratteristiche i fonemi di "gloria" e questa cella memorizzerà gli indici delle parole "di" e "colui", poi l'eccitazione di "gloria"cadrà e essa non sarà più capace di memorizzare. Pronunciata la parola "di" si eccita cella che ha queste caratteristiche, che memorizzerà gli indici di "colui" e di "che". Ecc... In buona sostanza ogni cella memorizza gli indici di due parole più avanti. Se una cella parola X viene eccitata fortemente dagli indici delle celle fonema, che ha nella sua riga delle caratteristiche, essa diventa capace di memorizzare per un certo lasso di tempo. Siccome in questo tempo si eccitano altre celle parola, la cella X memorizza i loro indici in una sua riga di memorizzazione. Se si ripete la lettura, al fine di imparare il poema a memoria, il programma controlla e rileva che nella zona di memoria della cella "La" c'è una riga con gli indici delle stesse parole che si stanno pronunciando ora e rafforza la potenza della registrazione. Volendo ricordare il brano, quando le registrazioni sono memorizzate, pronunciando la sola parola "La" potrebbe verificarsi l'emissione della riga di memorizzazione più potente della cella ma se pronunciamo "La gloria", si ha l'eccitazione della cella della parola "La", di indice 12 e della cella della parola "gloria" di indice 23, ma quello che più conta è che l'indice della parola gloria sarà lo stimolo che farà emettere la riga di memoria della cella "La", contenente "gloria di ". Quindi la cella 23, della parola "gloria", se eccitata fortemente, emette stimolata dagli indici che vengono dalla cella "La", per cui emette "di colui" o meglio gli indici 75 e 132. D'ora in avanti invece di parlare di indici userò le parole, perché risulta più immediato. Va notato che "La" ha emesso "gloria di", la cella "gloria" ha emesso "di colui", e quindi la cella "di" è eccitata da due emissioni originate da delle celle cerebrali, non dal decodificatore attivato da un parlante. Le eccitazioni del decodificatore sono potenti, quelle da celle cerebrali meno, tuttavia se "La" e "gloria" vengono pronunciate in modo rapido i due "di" interesseranno questa cella assommando i loro effetti e portandola ad un livello sufficiente di eccitazione e all'emissione è stimolata della sua riga che contiene "colui che", ecc... Quindi dette due parole in ordine parte il ricordo del testo. Non importa se le due parole siano le prime o si trovino in un punto qualunque del brano memorizzato, l'importante è che siano in ordine e fanno partire il ricordo delle parole dopo di loro. Tutto questo non ha valore quantitativo: è un esempio. Le parole memorizzate nella riga di una cella potrebbero essere 4, come potrebbero occorrere 3 emissioni cellulari della stessa parola per portare la cella a un livello di eccitazione sufficiente. In fig. 69 vi è un esempio del funzionamento dell'emissione stimolata. Le celle sono 4. Nella prima riga della tabella ci sono i loro indici. L'ultima è la riga delle caratteristiche che contiene i fonemi della parola propria di quella cella. Nella seconda riga vi sono i ricordi del poema memorizzati da ogni cella, insieme a tanti altri, indicati dai puntini nella terza riga. Per semplificare il discorso nella seconda riga ho messo i nomi delle celle mentre in essa sono memorizzati gli indici. Quindi invece che scrivere nella prima cella "gloria di" sarebbe stato corretto scrivere 23, 75, volendo essere ancor più precisi con le loro persistenze. Sotto la tabella, nella prima riga vi sono le parole pronunciate da un parlante esterno, ognuna delle quali basta ad eccitare fortemente la cella. Nella seconda riga vi è l'emissione della cella 12, quella della parola "La", cioé "gloria di". La cella 23 è eccitata due volte: dalla parola "gloria" pronunciata e dall'indice numero 23, la prima volta fortemente perché si tratta di un segnale che viene dall'udito e la seconda volta più debolmente perché si tratta dell'emissione della cella 12. Le due eccitazioni si sommano e ne deriva una fortissima eccitazione. La cella 75 "di", è eccitata dalle emissioni della 12 e della cella 23, eccitazioni deboli ma che sommate sono sufficienti a farla emettere a sua volta. Siccome nella memoria della cella 23 vi è l'indice della cella 132, "colui", sarà stimolata l'emissione della riga della cella 135 che contiene l'indice di "colui". Idem per la cella 132 "colui", eccitata dalle emissioni delle celle 23 e 75 e la cui emissione viene stimolata da "che" presente nella cella 75 che le fa emettere "che tutto". A questo punto il processo si svolge e si mantiene. Vorrei ancora rimarcare le due funzioni che ha ogni parola (o meglio l'indice della sua cella, che però contiene la stessa informazione) in questo sviluppo, per esempio "colui" emesso dalla cella 23 eccita la cella 132 e stimola l'emissione dello spezzone di memoria "colui che" della cella 75. La parola "colui" emessa dalla cella 75 nello spezzone di memoria eccita anch'essa la cella 132 e la rende capace di emettere, naturalmente in regime di emissione stimolata.

12	23	75	132
gloria di	di colui	colui che	che tutto
....	....	....	....
....	....	....	....
La	gloria	di	colui

La	gloria			parole pronunciate
	gloria	di		emissione cella 12
		di	colui	emissione cella 23
			colui	emissione cella 75
forte	molto forte	sufficiente	sufficiente	eccitazione cella

Fig. 69

Questo tipo di memoria richiede che la cella rimanga eccitata, ovvero in grado di memorizzare, mentre vengono eccitate le cellule successive. Non mi pare dunque che la memoria letterale possa riguardare le celle frasi e meno ancora le celle periodo, a meno che non si preveda di mantenerle eccitate con atto volontario e dispositivo adatto allo scopo. Potrebbe invece riguardare le celle

159

fonema, ancor più delle celle parola per le quali ho sviluppato l'esempio. La memoria letterale è sostanzialmente asemantica, potrebbe essere formata di parole asemantiche.

8. La memoria piramidale.

Il nome memoria piramidale suggerirebbe il suo formarsi anche su un lungo testo, con alla base i fonemi, poi le sillabe, poi le parole, le frasi,… fin ad un ultima cella, vertice della piramide. Ci vorrebbero delle prove ma credo che le piramidi siano assai meno alte. Inoltre ritengo che il formarsi della memoria piramidale, per il piano delle frasi le cui celle hanno per caratteristiche gli indici delle celle parole, non avvenga come per cella la parola, la cui eccitazione è (anche) opera di un dispositivo attenzionale automatico. La cella frase, per esempio, deve essere mantenuta eccitata per un tempo relativamente lungo e quindi è necessario un atto di volontà. Mantenere volontariamente eccitata una cella è un grosso salto di qualità: finora ho solo parlato di automatismi e penso che l'esistenza di questa possibilità e del dispositivo che la realizza contribuisca, più di altri apparati, a spiegare la differenza fra il pensiero degli animali e quello umano. Differenza già rilevata dal Cartesio. Per memorizzare la riga delle caratteristiche di una frase occorre mantenere volontariamente la cella eccitata mentre si pronunciano le parole che sostituiscono la frase e l'inizio e la fine della frase devono avere nette pause temporali, superiori a quelle fra le parole. Durante la formazione della frase, in memoria piramidale, le parole devono essere già già formate, perché le caratteristiche della cella frase sono gli indici delle parole, ma queste possono anche essere pronunciate con una pausa minima fra loro. Esse sono eccitate, dalla successione dei fonemi che coincide con quella che hanno memorizzato, in fin dei conti capita così anche a noi uomini che, quando sappiamo una

160

lingua, possiamo seguire il parlante senza che questo scandisca le parole. Quanto detto per le frasi vale anche per le celle periodo e superiori ma anche per le celle parola, che possono essere mantenute eccitate in modo volontario: questo capita, per esempio, quando a scuola si studia una nuova lingua. Per le parole però vale anche l'eccitazione automatica. Come esempio se eccito una cella frase di indice i e nella sua riga delle caratteristiche memorizzo gli indici delle parole: "Poi che crescendo viene" e contestualmente eccito un'altra cella frase, di indice j che contiene nella riga delle caratteristiche il titolo della poesia già memorizzato: "Canto notturno di un pastore errante dell'Asia" le celle memorizzeranno i loro rispettivi indici e durante la lettura dello stupendo canto la frase in parola richiamerà il suo titolo. Il vantaggio rispetto alla memoria letterale è che si può risalire al titolo della poesia senza doverla leggere tutta e giungere al suo titolo, qualora fosse in fondo. Il titolo della poesia non si deve mettere entro di essa, con la memoria letterale, perché poi sarebbe una parte indistinguibile della poesia durante la recitazione. Mentre si possono prendere alcune frasi, o anche alcune parole della poesia e far memorizzare loro il suo titolo in memoria piramidale. Allo stesso modo si possono inserire in celle frasi o periodi altre informazioni tipo: questo è un bel luogo della poesia, qui l'autore richiama il pensiero del tal filosofo,... informazioni in genere frammentarie ma in tante piramidi, che hanno per base brevi tratti di un testo. E' opportuno che vi sia almeno un richiamo ad una cella comune, che permetta di collegarle tutte, questo può avvenire per esempio memorizzando tante informazioni relative al testo nelle righe di memoria della stessa cella j, che ha per esempio, per caratteristiche gli indici delle parole del titolo. L'indice della cella frase che ha come riga delle caratteristiche il titolo della poesia, permetterà di ricavare le informazioni che sono proprie della poesia, nome dell'autore, data in cui fu composta, raccolta di cui fa parte... Ognuno organizza la memoria piramidale come crede ma essa sforzo di volontà.

9. Relazione fra memoria piramidale e memoria letterale.

In questo paragrafo si trova poco di nuovo, esso è dedicato ai chiarimenti e alle precisazioni.

Il brano: "Odi greggi belar, muggire armenti;" possiede una chiara semantica, dovuta alle due frasi e potrebbe essere controllato sull'ambiente. Il brano in memoria letterale è passibile di controllo sull'ambiente, attraverso un dispositivo di cui dirò nel prossimo paragrafo. Dal controllo può risultare se esso sia vero o falso e quindi trarre le conseguenze del caso. Per esempio, poiché un quadrato è una figura geometrica con quattro lati e quattro angoli uguali, si può controllare se il disegno davanti a noi sia o non sia un quadrato. Appurato questo il pensiero può procedere a decisioni o con altre definizioni. La memoria piramidale invece porta in altre direzioni, che non sono il controllo della frase. Infatti in un brano in memoria letterale vi sono dei luoghi che richiamano ricordi i quali hanno nulla a che spartire con la frase che si sta controllando, si può parlare di siccità, di gran caldo, di Sole rovente riferendosi a una cartina meteorologica del Piemonte ma in memoria piramidale queste parole possono richiamare l'Arabia Saudita, poiché una cella frase può venire eccitata anche da parti della frase, ovvero anche dagli indici di poche parole che sono nella sua riga delle caratteristiche. Non è necessaria la precisione. Secondo me questa è la meccanizzazione di un particolare tipo di intuizione, che è fondamentale per il pensiero, come giustamente sosteneva Poincaré. La bontà dell'intuizione, è ovvio, andrà controllata.

Vorrei rimarcare l'analogia, che non è uguaglianza, fra la memoria piramidale e la configurazione del livello visivo. La piramide U è

162

formata da celle, ognuna delle quali ha capacità di memorizzare. La configurazione visiva, ha anch'essa forma piramidale ma rappresenta le caratteristiche di una sola cella che ha una sola zona di memoria. La cella dello strato superiore del livello *U,* è scelta in modo casuale, pur contenendo gli indici delle celle dello strato immediatamente inferiore; l'elemento dello strato superiore del livello *V* ha dei valori che derivano da operazioni su due elementi vicini dello strato inferiore ed è collegato spazialmente con loro. Inoltre l'elemento della cella visiva non ha capacità di memorizzare, è semplicemente un elemento delle caratteristiche di una cella. Inoltre salendo negli strati del livello visivo si ha una generalizzazione dell'informazione, perché la forma perde particolari inessenziali. Nulla di questo accade nei piani del livello uditivo.

Nel livello visivo è stata fatta una distinzione fra visione e capacità di riconoscimento che, fra l'altro, collega *U* e *V* e che permette di definire la semantica. Anche nel sistema uditivo esiste la possibilità di riconoscimento: i fonemi si riconoscono e anche per il sistema uditivo occorre distinguere fra semantica e percezione del suono. Ritengo che le celle frasi, periodi e anche parole abbiano poco da fare con la percezione del suono. Esse hanno fini semantici. La percezione del suono è dovuta alle celle fonema e ai meccanismi attenzionali che innescano, che pongono il vivente in relazione all'ambiente. La percezione deriva da questa relazione.

Nel sistema visivo i fonemi trovano un parallelo con gli elementi della prima contratta, quella collegata all'occhio, che estrae gli angoli e la loro posizione dal segnale che giunge dalla retina. Tuttavia, mentre le parole, almeno nella parte fissa, sono formate sempre dagli stessi fonemi, non capita così per le immagini perché gli angoli, caratteristiche principali delle forme sono mutevoli per la stessa figura reale, a meno che si tratti dello stesso oggetto, per esempio lo stesso volto, visto sempre di fronte, o meglio ancora la stessa figura geometrica, o una foto. In tal caso avviene la memorizzazione anche nelle contratte del primo strato, quello collegato all'apparato neurofisiologico, che partendo dall'immagine come si proietta sulla retina, ne ricava le caratteristiche. E' però un caso eccezionalissimo. In effetti non è importante che avvenga la memorizzazione del primo strato della cella visiva, che permetterebbe il processo a ritroso da cui ottenere l'immagine come percepita. Questo perché il sistema visivo non serve per comunicare. Solo nei fumetti che leggevo da bambino, c'erano uomini dotati di superpoteri che proiettavano con l'occhio l'immagine su uno schermo. La natura non ha seguito questa strada evolutiva. E' vero che alcune persone (pochissime) riescono a disegnare un volto senza averlo davanti ma sono eccezioni. La visione dell'immagine attraverso il suo ricordo, nel sistema visivo umano è dunque incerta, tuttavia ritengo che fra le celle del sistema visivo vi sia l'analogo della memoria letterale. Consideriamo una persona che cammina per strada e guarda dove va. Avevo già fatto notare come le contratte restino costanti rispetto a consistenti variazioni della figura. Ciò implica che la memorizzazione del percorso avviene attraverso una successione discreta di diverse configurazioni, ognuna delle quali rappresenta le caratteristiche di una cella visiva. Sia i, una cella visiva eccitata, immediatamente dopo sarà eccitata la cella j, poi la k, poi la n... Nella riga di memorizzazione della cella i, saranno memorizzati gli indici j e k; nella cella j saranno memorizzati gli indici k e n,... Naturalmente la lunghezza della catena deve essere definita con ragionamenti quantitativi. Rifacendo diverse volte lo stesso percorso le immagini che si succedono vengono imparate e con esse verranno imparate per esempio le svolte, che sono dei comandi agli attuatori il percorso. Quindi pur non potendo essere visualizzato nel ricordo "come un filmato" il percorso viene memorizzato. La successione discreta di celle parrebbe implicare una visione a scatti, mentre ognuno di noi passeggiando vede il paesaggio dispiegarsi con continuità. Va ricordato che nel sistema visivo vi sono due branche una legata al riconoscimento e una legata alla localizzazione, la visione fa parte di questa seconda, le configurazioni della prima. E' pur vero che le due funzioni sono largamente sovrapposte perché usufruiscono in larga parte dello stesso supporto neurofisiologico ma vanno tenute concettualmente distinte. Il movimento che si sviluppa come come continuo deriva dall'eccitazione di particolari celle del sistema visivo, la cui esistenza si manifesta nell'operare delle celle complesse della retina che sono sensibili al moto in una direzione. La successione delle immagini, che particolari celle fanno apparire continua, è memorizzata in successioni lineari che potrebbero far apparire la memorizzazione come il dipanarsi di un percorso. E' invece possibile, senza modificare i principi della memoria letterale, avere nella zona di memoria della cella visiva r, due righe s e t da cui iniziano due catene diverse di memoria letterale. Una specie di bivio. Con effetti e scopi diversi, la percezione uditiva, giunge all'eccitazione cerebrale delle celle fonema, da parte del segnale che arriva dall'orecchio. L'eccitazione di queste celle, da parte cerebrale, producono nel sistema uditivo il processo inverso, dal cervello verso l'esterno, ovvero l'emissione del suono che le ha eccitate. Il suono è riprodotto dall'apparato vocale, attraverso la vibrazione delle corde vocali, non attraverso la vibrazione del timpano dell'orecchio, ma questo è un particolare costruttivo, come quello che permette al suono di essere autopercepito anche se non si profferisce alcunché, se è presente il segnale, di origine cerebrale che dovrebbe far vibrare le corde vocali.

I fonemi nelle parole, ma ancor più nelle sillabe, sono costanti e si conservano in memoria, non sono come gli elementi dell'ultimo strato del sistema visivo, che sono variabili e che vanno perduti.

Anche senza il dispositivo attenzionale automatico, che eccita la cella parola vuota o l'analogo dispositivo che la eccita su base volontaria le celle frasi e le celle periodo, una parola potrebbe formarsi per pura memoria letterale, fra celle fonema, senza necessità di una cella parola; infatti i fonemi sono precisi, se un insieme di essi è ripetuto essi potrebbero memorizzarsi solamente in memoria letterale. Non mi sembra che le cose nell'uomo vadano così. Io penso che la memoria letterale sia fra le parole, la memoria piramidale fra le frasi e i periodi. Penso che il dispositivo di controllo, di cui dirò nel paragrafo seguente, ecciti i fonemi partendo dalle parole.

Vorrei precisare che una sequenza in memoria letterale, pensiamola di parole, può essere allungata, riprendendo alcune parole alla fine di essa e dicendone di nuove. Occorrerà ripetere alcune volte. Allo stesso modo si possono aggiungere parole all'inizio di una sequenza memorizzata in precedenza. Basta ripetere alcune volte le parole che si vogliono anteporre alla sequenza con quelle iniziali di questa. Si può anche inserire una frase in un punto di un testo, imparato in memoria letterale. Basta dire alcune parole del testo che precedono il punto, la frase, poi alcune parole del testo che seguono il punto. Il precedente legame di emissione stimolata fra le parole che precedevano e seguivano il punto si indebolisce, mentre quello testo prima del punto-inizio frase e fine frase-testo dopo il punto si rafforzano. Sono tutte ipotesi che andranno affinate con prove e prove.

10. Il dispositivo di controllo

Il ruolo del dispositivo di controllo è quello di verificare l'aderenza di una frase al mondo fisico o anche a dei ricordi cerebrali. Per ora limito il discorso al mondo fisico. Il dispositivo di controllo permette l'implicazione, condizionandola alla sicurezza del controllo, dunque quest'implicazione ha natura intrinsecamente dubbia e probabilistica. Esso:

1) può far arrestare momentaneamente il flusso della frase per

esempio, per permettere l'esecuzione dei comandi contenuti in una parola, come quello che fa muovere gli occhi. Poi può far riprendere il flusso della frase.

2) Inoltre esso permette ai comandi contenuti nelle parole di agire su se stesso e queste azioni sono prioritarie. In particolare:

a) può cambiare l'ordine con cui le parole della frase vengono verificate o l'ordine con cui i comandi contenuti nelle parole vengono eseguiti;

b) gestisce le "parentesi" ovvero fa si che le parole in esse contenute siano eseguite prima di quelle che stanno fuori dalla parentesi;

c) permette la sostituzione di una parola della frase, per esempio, con un'altra parola o con una frase;

d) infine il dispositivo di controllo è capace di una proprietà simile a quella distributiva della logica fra le parole della frase. Le parole parentesi, sostituzione e proprietà distributiva richiamano costrutti della logica simbolica ma non sono da intendersi in quel senso, o almeno non lo sono in modo preciso.

3) Quando il dispositivo è forzato, come può avvenire in fase di apprendimento, per esempio, a controllare una parola invece di un'altra, infrangendo l'ordine delle parole contenute nella frase, emette degli impulsi che, se registrati in una parola, quando questa sarà pronunciata, li riemetterà, il dispositivo di controllo rifarà l'operazione e muterà l'ordine delle parole nella nuova frase. Questa è l'ipotesi più importante che non penso possa essere modificata con delle prove, che invece possono migliorare le funzioni del punto 2).
Un esempio del funzionamento del dispositivo di controllo può essere verificare se c'è un tavolo nell'ambiente onde poter procedere, per esempio, ad apparecchiarlo. In questo senso il dispositivo di controllo gestisce l'implicazione. Vi è una domanda "c'è il tavolo?",

quindi la parola tavolo emette l'indice della cella dell'immagine del tavolo, che resta eccitata debolmente. Se si deve guardare che ci sia il tavolo, occorrerà probabilmente cercarlo, con procedure complesse, che ora tralascio. Penseremo che il tavolo, se c'è, sia davanti agli occhi, che ci sia la luce giusta, che gli occhi siano a fuoco, ecc... altrimenti che ci sia la scena visiva vuota o con un altro oggetto. Se il tavolo c'è, la cella dell'immagine del tavolo emetterà l'indice della cella parola "tavolo". Il dispositivo di controllo, constatato il tavolo esiste, perché la parola tavolo è stata emessa di rimando dall'immagine del tavolo che è nell'ambiente che ne ha eccitato il suo indice, da luogo all'implicazione opportuna. Inversamente se il tavolo non ci fosse, la sua cella visiva non sarebbe eccitata (se non debolmente dal richiamo cerebrale dalla parola tavolo) e non emetterebbe l'indice della parola tavolo. Va però detto che il riconoscimento non è mai sicurissimo, principalmente quello topologico, come ho potuto constatare usando i programmi di vision. Si può migliorare ma la certezza assoluta non ci sarà mai, per questo l'implicazione ha natura probabilistica. Un ulteriore esempio del funzionamento del dispositivo di controllo può venire dal muoversi dell'occhio su un oggetto formato da più oggetti, ognuno dei quali ha il suo nome ma sono in relazioni spaziali ordinate fra loro, ovvero uno è sopra l'altro o uno è dentro l'altro o uno alla sinistra dell'altro... Lo stesso controllo può avvenire con frasi diverse. Il motivo per cui un oggetto va controllato prima dell'altro, in generale, sta nella maggiore visibilità di un oggetto rispetto all'altro, anche se l'oggetto meno visibile è di solito quello importante. Se dico la sedia è a destra del tavolo, il tavolo va controllato dall'occhio prima della sedia perché è più evidente della sedia, perché lo si trova con più facilità nell'ambiente, anzi è il riferimento per agevolare il ritrovamento della sedia. Il parlante nel formulare la frase, tiene conto di questo. Per ora mi limito al controllo della frase e non alla sua formazione. Sia la frase da controllare sull'ambiente: "il lampadario sta sopra il tavolo". Come ho detto i verbi essere e stare, in prima approssimazione, si possono ignorare, come si possono ignorare gli articoli. La parola "sopra" ha in se la necessità di un punto di partenza, ha in se una domanda implicita connessa ad esso, è come se fosse scritto "sopra (dove?)". Solo definito questo posto, fa salire lo sguardo. Per spiegare come avvenga il controllo di una frase che contenga la parola "sopra" si potrebbe dire che il dispositivo di controllo, controlla per primo il sostantivo dopo la parola sopra, poi esegue sopra e poi controlla se il restante sostantivo è nel posto giusto. Sopra ha due funzioni: definisce l'ordine dei controlli nella frase e fa salire lo sguardo. Per esempio nella frase: "il lampadario è sopra il tavolo", che semplificata è: "lampadario sopra tavolo" il d.c. dispone le parole come: tavolo>sopra (sguardo in su)>lampadario e in tale ordine le controllerà. La stessa successione avviene per la frase: "sopra il tavolo sta il lampadario", ovvero "sopra tavolo lampadario" eseguita come: tavolo>sopra (sguardo in su)>lampadario. La parola sopra viene eseguita solo dopo che è stata verificata la presenza del tavolo, oggetto più visibile nell'ambiente e poi si può pensare che l'occhio salga in su, controllando anche che il lampadario sia sulla verticale del tavolo. Mi sembra che le espressioni: "a destra del", "a sinistra del", ecc... e quelle che contengono la parola "sotto" possano trattarsi allo stesso modo.

Sempre a titolo di esempio potrei studiare il funzionamento del dispositivo di controllo in relazione alla congiunzione "e". La "e" ha la funzione di far mantenere al cervello lo stato acquisito dalla frase o parola precedente. Ho già detto che non esiste una definizione precisa di frase , proporrei momentaneamente di chiamare frase una successione di parole con un verbo, quindi il periodo sarebbe composto da almeno due frasi. Un periodo è: c'è il tavolo e sopra c'è la lampada; infatti sono due frasi, che chiudo fra parentesi, una che precede la "e" e una che la segue: (c'è il tavolo) e (sopra c'è la lampada). Le frasi si controllano una alla volta, in questo caso nell'ordine in cui sono. Con la prima frase l'attenzione è fissata sul tavolo e il cervello la mantiene a causa della congiunzione; la seconda frase comincia nell'eseguire "sopra" e il cervello trova che il punto di partenza è definito essendo l'attenzione mantenuta sul tavolo e fa ruotare l'occhio verso la lampada. In effetti nella seconda frase la domanda "dove", sempre connessa a "sopra" richiede un pronome o un sostantivo o l'indicazione del posto. In tal caso richiederebbe un pronome che in italiano può essere sottinteso. Intuisco come avvenga la formazione della frase ma è un argomento che non ho ancora toccato. Diversamente se la dicitura fosse: "c'è il tavolo sopra la lampada", vi sarebbe un'unica frase, "sopra" sarebbe individuato immediatamente e prenderebbe come punto di partenza quello fornito dalla parola seguente, la lampada e cercherebbe il tavolo sopra essa. Il periodo: c'è il tavolo, sopra c'è la lampada, ovvero (c'è il tavolo), (sopra c'è la lampada) non ha la "e" che mantiene il punto di partenza. La frase è poco naturale, pochi la costruirebbero così. La frase: "c'è il tavolo e c'è la lampada sopra" vista come: (c'è il tavolo) e (c'è la lampada sopra), non crea problemi di interpretazione: sopra è controllato per primo e ha come punto di riferimento il tavolo..

Proseguire con esempi simili potrebbe avere poco senso, anzi essere fuorviante, perché non deve essere un programmatore a specificare le funzioni che ha la parola "sopra" nella lingua italiana in un linguaggio per il computer: la macchina le deve imparare da sola attraverso le forzature nel funzionamento del dispositivo di controllo e degli altri attuatori. Se io dico a un bambino il lampadario è sopra il tavolo, per trovare il lampadario e so che egli conosce il significato delle parole tavolo e lampadario, gli dirò: cerca il tavolo perché è più facile che il bambino lo veda prima del lampadario, in tal modo la parola tavolo è controllata prima e il d.c. emette degli impulsi che segnalano la variazione d'ordine nei controlli. Quando il bambino lo ha trovato faccio dei gesti che inducano il suo occhio a salire, ripetendo la parola sopra così anche questa subirà un anticipo nel controllo ed egli infine vedrà il lampadario. Durante il controllo ogni parola della frase è eccitata e può memorizzare. Le parole lampadario, sopra e tavolo memorizzano i vari impulsi che corrono nel cervello durante il controllo della frase ma solo la parola sopra manterrà la memorizzazione dei comandi che hanno prodotto le variazioni nei controlli perché, in una frase simile, tavolo potrebbe essere sostituito da prato e lampadario da capretta. Inoltre le parole tavolo e lampadario si trovano anche in altre frase dove memorizzano altri impulsi. Non è invece dimenticata l'informazione che la parola sopra deve essere controllata per prima e che si attiva solo dopo che si è incardinata a un luogo, ovvero alla fissazione di un oggetto che data la sua variabilità viene dimenticato. Inoltre sopra deve avere un punto di partenza e uno di arrivo, che spesso sono sottintesi. Si può dire vai sopra. Anche sopra può avere significati differenti ma sono pochi e per essi si può la stessa procedura usata per i sinonimi. Se dico: "ho scritto sopra Democrito", quel sopra, che pur suona male, va inteso come sinonimo di circa a tal fine è però necessaria la comprensione, di una frase lontana dal contesto fisico. Per inciso dirò che la grammatica classica vedrebbe nei tre casi citati la parola sopra come preposizione, avverbio e congiunzione subordinante. Tanto per evidenziare l'impossibilità del parsing e il conseguente fallimento delle traduzioni basate sul parsing. E' proprio l'idea che sta sotto, dovuta al Chomsky, che non va. La grammatica del linguaggio naturale descritta come alfabeto terminale, alfabeto non terminale e regole di produzione che è una chimera: nessuno potrà mai avere regole di produzione precise nel linguaggio naturale. Esso non è preciso, è ambiguo e a volte è contraddittorio, basta osservare come ragioniamo. Tale metodo può andare bene per scrivere e per analizzare linguaggi artificiali, tipo i linguaggi di programmazione e infatti chi fa queste cose è debitore a Chomsky. Io tuttavia concordo con il Chomsky, forse con il primo Chomsky, sulla grammatica

171

generativa, che per me parte dalla lingua ergativa, dalla descrizione della situazione di partenza distinta in agente e paziente e da un verbo che dica quale sia la trasformazione che l'agente compie sul paziente. Quando avverrà questa trasformazione, quanto durerà, con quale probabilità avverrà, ecc.. sono affinamenti. Il verbo essere non indica una trasformazione ma è la descrizione di un oggetto composto.

Voglio ancora una volta far notare che, al contrario della parte di vision, non ho provato queste mie teorie sul computer, quindi esse possono contenere molti errori. Provando e riprovando, si giungerà a modificare e migliorare le funzioni del dispositivo di controllo ma non le idee essenziali della meccanizzazione del linguaggio strutturato che sono: 1) il dispositivo di controllo e 2) l'ipotesi che ogni attuatore e anche il dispositivo di controllo, svolgendo una funzione produca degli impulsi e che ricevendo questi stessi impulsi svolga la stessa funzione.

Il dispositivo gestisce l'implicazione, le parentesi e, implicitamente, la negazione. Suppongo, ma per i fini di questo scritto non interessa dimostrarlo, che da queste operazioni logiche possano ricavarsi tutte le altre. Ammesso e non concesso che il dispositivo realizzi la logica formale, il linguaggio naturale è spesso ambiguo e contraddittorio; anche il modo di ragionare delle persone e il loro linguaggio è spesso poco logico e tanto meno assiomatico. Inoltre il collegamento fra il mondo e il cervello è incerto, dunque le implicazioni, ovvero le previsioni, sono dubbie e una disciplina formalmente corretta come la logica non può che trovare una modesta e limitata applicazione nel mio modo di intendere il funzionamento cerebrale che è quello di assicurare una previsione, giocoforza malsicura. Infatti le persone sensate si fidano poco dei lunghi ragionamenti e controllano sempre sperimentalmente le loro conclusioni. Che è poi l'insegnamento del Galileo. La logica ha un valore in se, come branca della matematica o della filosofia ma la mia opinione su essa come base del pensare è lontanissima da quella di Leibniz e del suo calcolemus.

11. La comprensione del testo scritto.

Il perfezionamento della previsione dello sviluppo di una situazione fisica avviene attraverso il controllo di una frase su essa. Tuttavia si può anche pensare di sostituire la situazione fisica con dei ricordi, espressi in forma letterale o di memoria visiva entro cui ricavare le stesse informazioni che si ricaverebbero dalla situazione fisica. E' ovvio che in tal modo il rischio di vaneggiare è enorme, la fisica post galileana è proprio il rifiuto dell'applicazione di questo metodo se non come di una   teorizzazioni ipotetica che va seguita da un puntuale controllo sulla situazione fisica. L'insegnamento del Galileo è completamente disatteso nelle scienze umane e comincia ad esserlo anche nella stessa fisica da parte dei molti che non si rassegnano all'osservazione di Erwing Schroedinger   secondo cui: "in un'onesta ricerca della verità occorre rassegarsi all'ignoranza per un tempo indefinito" e prendono scorciatoie. Per tacere di quello che avviene in molti licei dove invece di insegnare allo studente a condurre l'esperimento si preferisce la sua simulazione sul computer. Detto questo e precisato che non sono interessato a correggere cattive abitudini, si pone il problema di come reperire nel cervello le informazioni che interessano. Ad esempio ho in memoria letterale il seguente periodo: Giacomo Leopardi nacque a Recanati, il 29 giugno 1798. Mi propongo rispondere alla domanda: "dove è nato il Leopardi?". La macchina trova facilmente Leopardi e nacque, lo farebbe qualunque motore di ricerca, quindi il problema è parzialmente risolto resta la domanda "dove?" Si potrebbe pensare che il luogo è sempre preceduto dalla preposizione "a" mentre la data dall'articolo "il", così in genere sugli atti notarili, così nella frase scritta sopra. Quindi programmare il computer per trovare la parola dopo la preposizione "a"? Questo non sempre vero perché la frase in cui fosse scritto il Leopardi nacque in Recanati a giugno, avrebbe senso ma la macchina, così programmata, alla domanda: dove nacque il Leopardi? Risponderebbe "a giugno". Gli articoli e le preposizioni non sono assolutamente discriminanti per poter rispondere alla domanda "dove?", essa comporta la comprensione del testo per essere soddisfatta, ciò secondo me, è impossibile senza la semantica. La macchina deve sapere che Recanati è un paese, una città, un luogo e che quindi si può associare alla domanda "dove?". Questo comporta una conoscenza pregressa della macchina. La parola "dove" ha in memoria gli indici delle parole posto, luogo, città, paese e simili e ancora gli indici delle celle A che si attivano ogni volta che si raggiunge un luogo con i sensi. Anche Recanati ha certo in memoria l'indice della parola città, che forse è la memorizzazione con potenza più alta, che forse viene emessa per prima quando la parola "Recanati" è richiamata, questo fa si che "dove" emetta, a sua volta, per emissione stimolata la parola "città". Sarebbe assurdo pensare che la parola "dove" avesse in memoria tutte le città del mondo e la parola Recanati facesse partire l'emissione stimolata da queste memorizzazioni. Io penso, ma ci vorranno prove e prove, che l'eccitazione ripetuta della parola"dove", porti ad emettere successivamente tutte le sue memorizzazioni fino quando una di esse non trova corrispondenza in quelle di "Recanati", che deve essere ripetutamente eccitata e la corrispondenza provochi l'emissione stimolata di una sua riga di memoria. Se "dove", dopo avere emesso tutto quanto è nelle sue celle di memoria, non provocasse l'emissione stimolata nella parola "Recanati" si potrebbero eccitare le parole che ha emesso, per esempio "città" e tentare di provocare con le loro emissioni spontanee l'emissione stimolata di "Recanati". Sono delle procedure meccanizzabili. E' comunque indispensabile che in "Recanati" sia memorizzata la parola "città" o "paese" o qualcosa di simile. Se un bambino non sa che Recanati è una città leggendo il brano in questione non può capire dove è nato il Leopardi. Analogamente funziona la domanda "chi", occorre che la macchina sappia che Galileo è una persona ovvero la memoria della cella chiamata Galileo siano memorizzati gli indici delle parole, persona, uomo, ma anche gli indici di immagini,...... parimenti la parola chi dovrà avere in memoria: uomo, animale,....e si procede come prima. Occorre quindi che in ogni parola vi siano tante memorizzazioni. Anche la cella frase, come la cella parola memorizza. Per esempio dicendo "Il dialogo sui massimi sistemi del mondo" eccita una cella frase che ha memorizzato, nelle sue varie celle di memoria, indici degli spezzoni di brani atti a innescare un processo di memoria letterale, come i seguenti: fu scritto da Galileo, confronta i sistemi astronomici di Copernico e di Tolomeo, Il sistema tolemaico è ripreso da San Tommaso e sostenuto dalla Chiesa cattolica, il libro è scritto in forma dialogica, il sistema tolemaico e le ragioni della Chiesa sono sostenuti da un poveraccio di nome Simplicio che si fa deridere,...

Appendice I - Complementi.

1. L'apprendimento per differenze.

Mentre la meccanizzazione del linguaggio è superiore alle mie possibilità ed energie, sono riuscito a realizzare una procedura automatica che aiuta definire un oggetto attraverso varie percezioni topologiche, collegate da cambiamenti di stato cerebrali e moti oculari per discriminare fra oggetti topologicamente simili, che tenderebbero a confondersi. Questo è la rilevazione delle differenze fra oggetti somigliantesi topologicamente. Già gli antichi greci dibattevano se l'apprendimento avvenisse per somiglianza o per differenza, quando i due metodi non si escludono mentre il vero problema è definire la somiglianza a cui deve corrispondere un identico sviluppo della situazione. Due mele di qualità diverse appaiono somigliantesi perché l'evoluzione ha formato il cervello a far confluire stati ambientali diversi in stati cerebrali simili. Questo vale dapprincipio per gli odori e più avanti nell'evoluzione, per il senso della vista. La somiglianza è un portato dell'evoluzione per soddisfare bisogni primari, invece la differenza discriminante può essere relativa ad uno scopo come può essere inessenziale per un altro. Tanto si può notare nella visione umana dove i moti oculari variano sulla scena in base alle qualità che si vogliono rilevare. Per esempio il quadro alla parete di una chiesa viene osservato in un modo se ci si chiede: "gli angeli hanno le trombe?" e in un altro se la domanda è: "gli angeli sono vestiti riccamente?", dobbiamo a Yarbus questa scoperta. A questi cambiamenti di stato, a queste percezioni, a questi moti oculari,…. sono associate delle parole: tanto implica che la scena del quadro non sarà mai descritta appieno da insiemi di parole, almeno nel linguaggio usuale e in casi non astratti, quali sono

176

le figure geometriche. Nulla cambia se nel quadro vi fosse un solo oggetto, l'angolo, per esempio. Un oggetto, che non sia un costrutto matematico, non può mai essere descritto pienamente da una frase. La frase pone in luce ciò che il parlante pensa importante. Ciò premesso mi ero riproposto di costruire una frase per riconoscere, ai fini della lettura, le forme Q e O. Ovviamente la differenza sta nell'appendice in basso e il suo rilevamento può essere meccanizzato. Supponiamo per esempio di avere memorizzato le forme della O e della Q, fra varie altre forme ben diverse da queste due come T, X, B, ecc.. Se mostro al computer e lancio i programmi di riconoscimento, il disegno di una Q, esso probabilmente mi risponderà che la forma in questione ha nome " q maiuscola" con probabilità 80% mentre alla "o maiuscola", darà probabilità 65%, per cui, vista l'esigua differenza percentuale, esso non sarà sicuro e cercherà le differenze fra le due forme, trovandole nell'appendice in basso. Se è la prima volta che alla macchina viene presentata la forma Q, affinché la riconosca, la sporgenza isolata potrebbe richiamare il nome di "appendice", memorizzato in precedenza. Se si è diviso lo spazio visivo in due aree una chiamata sotto e l'altra sopra la parola "sotto", la sua posizione dell'appendice può essere rilevata. Molto meglio sarebbe disporre di una telecamera che si muove, che potesse zoomare. Comunque se gli elementi che costituiscono l'appendice, hanno ordinate inferiori a un certo valore alla sporgenza della Q si associa al nome "appendice" e il nome "sotto". L'appendice è un particolare che la O non ha ma la Q si. Tenendo a mente che ci si riferisce alla forma della O, che è in memoria e della quale si conosce il nome, le parole appendice e sotto possono essere associate alla O insieme alla parola "con" stato cerebrale che esprime la presenza di un particolare nella percezione, assente nella forma memorizzata. I primi due nomi riguardano due percezioni il terzo e il quarto sono la rilevazione di processi cerebrali. La frase potrebbe essere "O con appendice sotto=Q". Forse è inutile che rimarchi che nella frase precedente i simboli Q e O non sono da considerarsi forme ma i loro nomi. Il simbolo "=" sta a indicare che la frase che segue è la definizione di Q. Questo simbolo poterebbe essere sostituito dalla parola "essere". Tale frase, potrebbe essere profferita dalla macchina perché sia le immagini sia le variazioni di stato cerebrale eccitano celle che richiamano nomi. Naturalmente la frase può essere memorizzata e usata in futuro per riconoscere la forma Q dalla forma O. Identicamente si può ricavare la frase: "Q senza appendice sotto=O" mostrando alla macchina la nuova forma O, avendo in memoria la Q. Intuisco che a questa seconda frase si dovrebbe pure arrivare con le regole della logica, invertendo le lettere e cambiando la parola da "con" in "senza". Tuttavia mi pare meno immediato perché l'applicazione di questa regola di inversione che cambia con in senza, potrebbe anche cambiare sotto in sopra. Ho sempre avuto diffidenza verso i costrutti puramente logico-sintattici. L'apprendimento per differenza è importantissimo per formare la frase. Tuttavia non è importantissimo che l'appendice abbia un nome, essa viene isolata nel processo di apprendimento differenziale, portata in scala ed eccitare in una cella visiva il cui indice sarà memorizzato nella frase, come anche i comandi che sono contenuti nella parola "sotto" e in generale, quelli che generano i cambiamenti di stato possono appartenere al livello *A* ed essere quindi senza nome.

2. Alcuni esempi.

In fig. 70 la figura attuale una C, è stata confrontata con una A con il risultato di avere pochissime corrispondenze, in particolare, quasi nessuna nella parte interna. Ricordo che il grigio scuro (verde per chi guarda le figure sul sito) indica che gli angoli non sono collegabili.

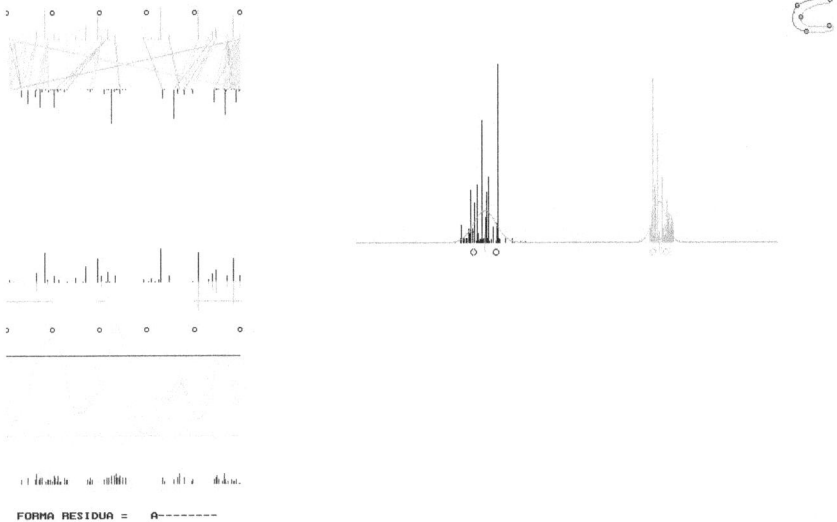

FORMA RESIDUA = A--------

Fig. 70

Nella fig. 72 vi è il confronto fra una forma G figura attuale, della quale la macchina non sa il nome, con una figura residua chiamata C--------, della quale la macchina sa il nome ed ha memorizzato le caratteristiche. Il confronto è stato effettuato con un vecchio programma, ancora in dos, con la risoluzione di allora. Le caratteristiche della forma attuale sono schematizzate sul lato superiore del "rettangolo" in alto a sinistra, che va considerato lo sviluppo del perimetro della forma G. Quelle della forma residua, sono sul lato in basso. I 6 cerchietti sopra il rettangolo, vanno contati da 0 a 6 e trovano corrispondenza con i 5 cerchietti sul perimetro della figura attuale G, dove lo 0 è il cerchietto più in alto e coincide con il sesto cerchietto. Il conteggio sulla figura procede in senso orario. Si vede che mancano i collegamenti fra i lati del rettangolo fra il cerchietto numero 2 e quello numero 3, in corrispondenza dell'elemento che una persona direbbe distintivo fra C e G.

179

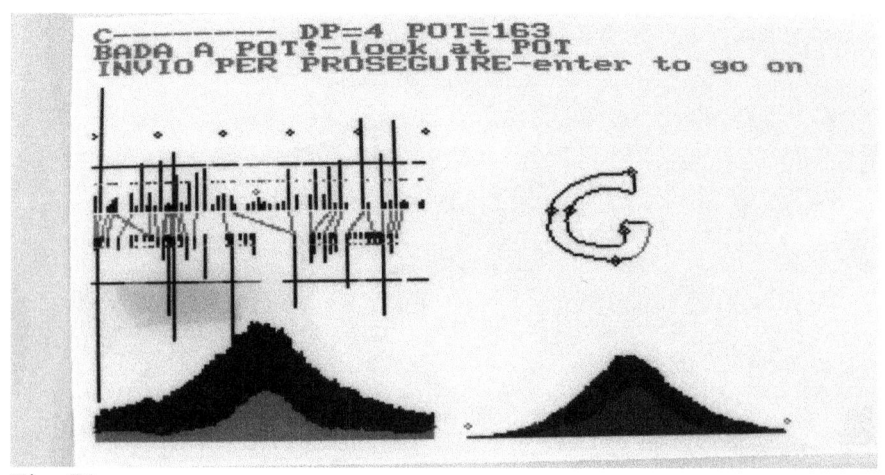

Fig. 71

In fig. 72 sono invece riportati i collegamenti fra la forma attuale G, la stessa di prima e un'altra forma di nome G-------, che un uomo direbbe una G di foggia diversa. Si rileva che la differenza viene accettata e i collegamenti fra la riga delle caratteristiche della figura attuale e di quella residua sono sufficienti. Con POT viene indicata la sicurezza con la macchina attribuisce il nome C------- o G------- alla forma G attuale. Ricordo che siamo nella fase del riconoscimento topologico o, direi meglio, per somiglianza. In fig. 71 la macchina asserisce che la forma ha nome C-------, con sicurezza 163, mentre in fig. 72 la macchina scrive che stessa forma ha nome G-------, con sicurezza 187. Indubbiamente 187>163 quindi, un rozzo riconoscimento condurrebbe a concludere che si tratta di una G------. Tuttavia, relativamente, la differenza fra le due forme non risulta essere molta: 163/187=0,87, un 87% di somiglianza e in questo caso il sistema attiva la procedura del riconoscimento sintattico. Fra la A e la C la differenza risulta invece enorme già dal riconoscimento topologico e non è richiesta altra analisi.

180

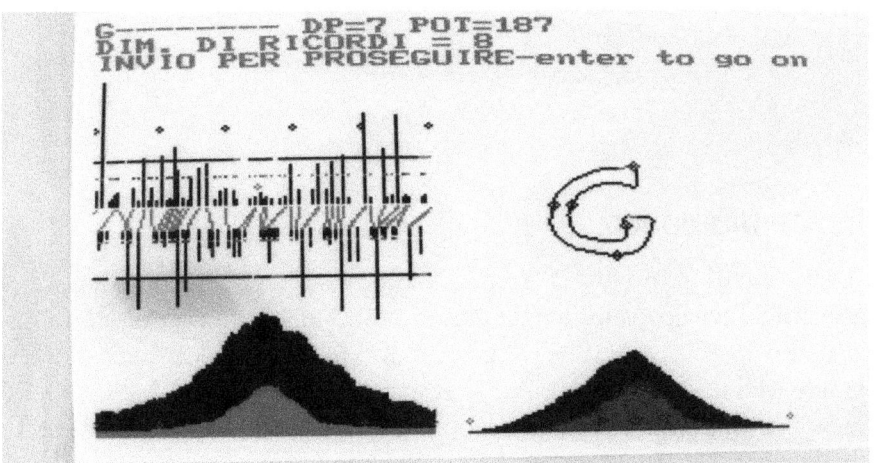

Fig. 72

Nelle figg. 73 e 74 vi sono le varie fogge delle forme C e G.
Insegnando al computer con una sola forma esso non si confonde fra
le C e le G, anche senza riconoscimento sintattico, tanto meno con
altre lettere alfabetiche che non assomigliano a queste.

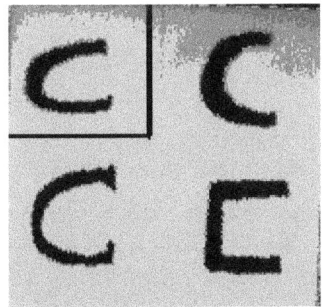

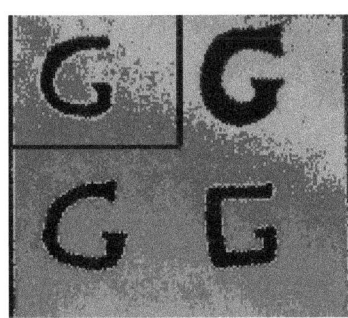

Fig. 73   Fig. 74

Indice alfabetico

Indice generale

www.ingramcontent.com/pod-product-compliance
Lightning Source LLC
Chambersburg PA
CBHW071426180526
45170CB00001B/242